fêtes

plaisir

COLLECTION
CHIC & GOURMANDE

fêtes

plaisir

ELLE à table

INTRODUCTION

Il y a le repas et le festin, l'ordinaire et l'extra ordinaire, cette nuance de fête dans la jouissance routinière qui prend les couleurs de la délectation. Car la table est comme tout le monde, elle a aussi ses réjouissances. Après tout, n'est-elle pas aux pays, aux religions, et à nous-mêmes ce dénominateur commun ou hors du commun selon l'ordre du jour? La cuisine festive s'est longtemps définie par des unions trop assorties, des mariages trop brillants à présent menacés par le désamour que souvent nous leur portons. Alors pourquoi ne pas les ragaillardir par quelques bonnes mésalliances ? Certes les truffes noires, mais incorporées à une purée de cèleri, bien sûr le foie gras, mais dans une chips de légumes, sans doute la chair giboyeuse du saumon fumé, mais avec un chutney d'ananas. Naturellement les fines bulles du champagne rosé, mais pétrifiées dans un sorbet accompagnant des minicharlottes aux poires.

SOMMAIRE

COCKTAILS ET MISES EN BOUCHE

Sacha's

pour 6 personnes

25 cl de vodka Absolut Kurant
12 cl de sirop de canne
6 glaçons

• Mettez 25 cl de vodka Absolut Kurant dans un shaker avec 12 cl de sirop de canne et 6 glaçons. Secouez vivement quelques secondes.

• Versez dans des verres, puis complétez avec 60 cl de limonade. Décorez avec 1 cerise.

Sacha's

framboise de luxe

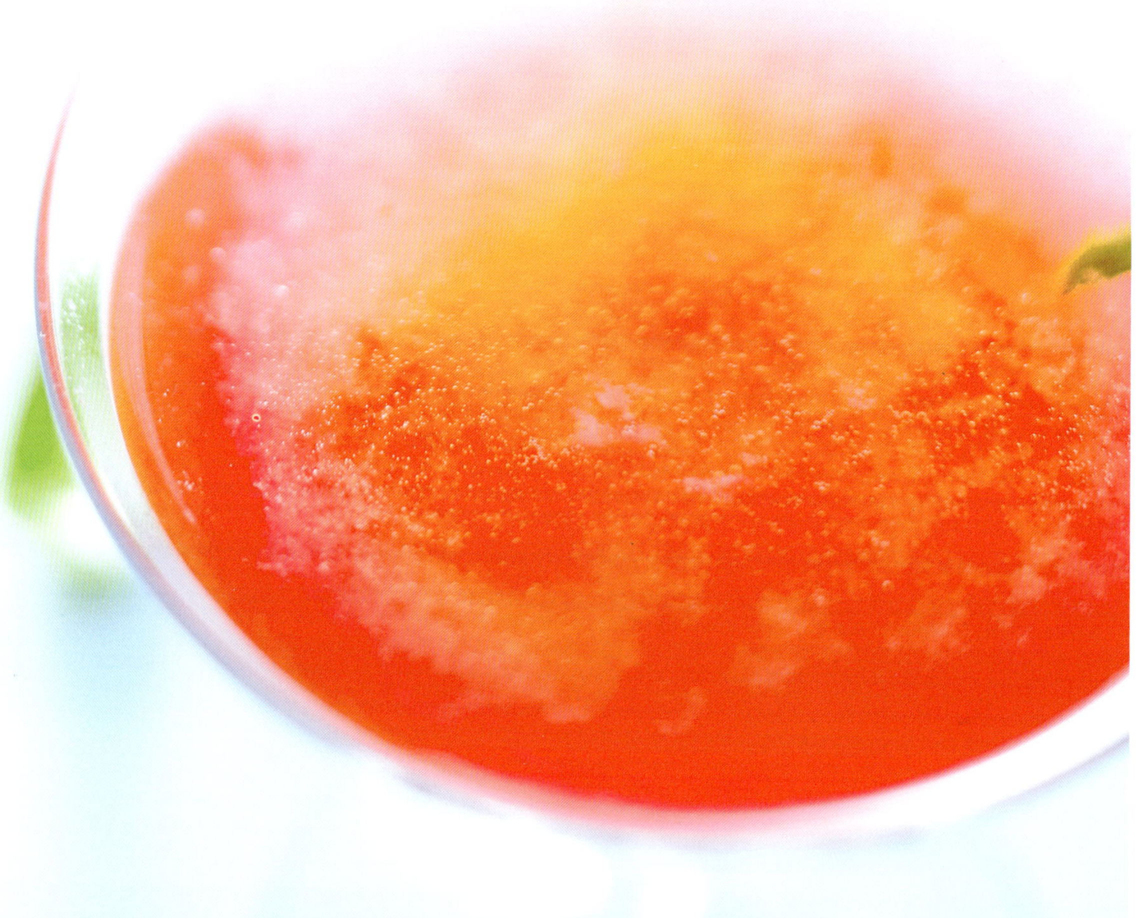

framboise
de luxe

pour 6 personnes

125 g de framboises
25 cl de vodka Absolut Raspberri
10 cl de sirop de canne
10 glaçons

• Écrasez 125 g de framboises et mettez-les dans un shaker avec 25 cl de vodka Absolut Raspberri, 10 cl de sirop de canne et 10 glaçons.

• Secouez bien, versez dans des verres à cocktail et complétez avec 25 cl de champagne en le versant doucement.

« fleur blanche »

pour 6 personnes

1 c. à soupe d'infusion de menthe fraîche
1 c. à soupe d'infusion d'écorces d'orange
1 c. à soupe de sirop de fleurs de sureau
2 c. à soupe de vodka cassis
5 c. à soupe de champagne

• Versez dans une flûte 1 c. à soupe d'infusion de menthe fraîche, 1 c. à soupe d'infusion d'écorces d'orange, 1 c. à soupe de sirop de fleurs de sureau, 2 c. à soupe de vodka cassis et 5 c. à soupe de champagne.

• Laissez glisser 1 fleur en sucre au fond du verre et dégustez.

mojito

pour 6 personnes

20 feuilles de menthe
5 c. à café de sucre en poudre
30 cl de rhum cubain
le jus de 3 gros citrons verts

• Écrasez 20 feuilles de menthe avec 5 c. à café de sucre en poudre dans un récipient, ajoutez 30 cl de rhum cubain, le jus de 3 gros citrons verts et mélangez bien.

• Versez dans 6 verres, puis allongez avec un peu d'eau gazeuse type Perrier et un peu de glace pilée. Décorez avec des feuilles de menthe.

mojito

ti-punch

pour 1 verre

1 quartier de citron vert
1 c. à soupe rase de sucre de canne en poudre
2 traits de rhum blanc

• Pressez contre les parois du verre le quartier de citron vert et le sucre à l'aide d'une cuillère.

• Versez le rhum par-dessus. Mélangez.

ginger julep

pour 1 verre

8 cl de bourbon
1 cannette de ginger ale bien fraîche
5-6 glaçons
1/4 de citron vert

• Mettez la glace dans un verre à whisky, remuez-les pour rafraîchir le verre, ajoutez le bourbon et le ginger ale. Servez avec le citron vert.

Vous pouvez ajouter 0,5 cl d'angostura bitter (liqueur aux extraits de plantes et écorces d'orange amère).

mint julep

pour 1 verre

6 cl de bourbon
1,5 cl de sirop de sucre de canne
10 feuilles de menthe fraîche
1/4 de citron vert
4-5 glaçons juste pilés

• Lavez et séchez les feuilles de menthe, puis mettez-les dans un verre à whisky.

• Écrasez la menthe contre les parois avec le dos d'1 c. à soupe.

• Versez le sirop de sucre de canne, la glace pilée et le bourbon.

• Remuez avec la cuillère pour rafraîchir le verre et servez aussitôt. Servez avec le citron vert.

ginger julep

elderflower
spritzer

pour 2 personnes

8 cl environ de sirop de fleurs de sureau
champagne ou vin pétillant
eau gazeuse
glaçons

• Versez le sirop au fond de 2 verres, ajoutez le champagne ou le vin, les glaçons.

• Remplissez d'eau gazeuse bien glacée. Servez.

elderflower spritzer

rillettes
de confit de canard

pour 4 personnes
préparation 30 mn
cuisson 10 mn

2 cuisses de confit de canard
1 c. à soupe de graisse de canard
5 cl de vin blanc
quelques brins de romarin
1 feuille de laurier
poivre

• Préchauffez le four à th. 6/180 °C.

• Retirez la peau et l'os de 2 cuisses de confit de canard, puis émiettez-les dans un plat à four avec 1 c. à soupe de graisse de canard.

• Ajoutez 5 cl de vin blanc, quelques brins de romarin, 1 feuille de laurier et poivrez.

• Faites cuire 10 mn au four.

• Ôtez laurier et romarin, mélangez bien le tout et transférez dans un bocal.

rillettes
de maquereau au poivre

pour 4 personnes
préparation 20 mn
pas de cuisson

2 filets de maquereau fumé au poivre
30 g de beurre
un filet de jus de citron
1 c. à soupe de ciboulette hachée

• Retirez la peau de 2 filets de maquereau fumé au poivre et émiettez la chair grossièrement.

• Ajoutez 30 g de beurre, un filet de jus de citron et 1 c. à soupe de ciboulette hachée.

• Mélangez et transférez dans un bocal.

bouchées
vermicelles et foie gras

pour 6 personnes
préparation 10 mn
cuisson 5 mn

150 g de foie gras cru
2 blancs d'œuf
farine
curry en poudre
vermicelles
huile de tournesol

• Battez les blancs d'œuf avec du sel, du poivre et un peu de curry en poudre. Coupez le foie gras cru en cubes de 2 cm, farinez-les, trempez-les dans les blancs d'œuf battus.

• Roulez-les dans des vermicelles, puis faites-les frire dans de l'huile de tournesol et égouttez sur du papier absorbant.

• Servez ces bouchées avec une mayonnaise aromatisée au curry.

foies de volaille
à tartiner

pour 6 personnes
préparation 10 mn
cuisson 15 mn

150 à 200 g de foies de volaille
beurre
2 brins de coriandre
1 gousse d'ail
1 oignon
1 verre de vin rouge
6 c. à soupe de ketchup
ail et l'oignon épluchés

• Faites revenir les foies de volaille dans une poêle avec un peu de beurre, 1 gousse d'ail écrasée, 1 oignon haché pendant 10 mn à feu doux.

• Lavez et séchez la coriandre, ciselez-la.

• Ajoutez dans la poêle le vin rouge, le ketchup, 1 petit verre d'eau, un peu de coriandre ciselée et laissez mijoter jusqu'à ce que le liquide soit évaporé.

• Hachez grossièrement cette préparation avant de l'étaler sur des toasts.

bouchées vermicelles et foie gras

chips de légumes au foie gras

chips
de légumes au foie gras

pour 6 personnes

différentes chips de légumes
(betterave, vitelotte, radis noir, etc.)
un foie gras de canard entier au torchon

• Émincez finement un foie gras de canard entier au torchon et déposez 1 lamelle de foie gras sur chaque chips de légumes.

• Présentez-les à l'apéritif.

croustillants
de langoustines à la verveine

pour 4 personnes
préparation 10 mn
cuisson 15 mn

4 grosses langoustines décortiquées par personne
16 feuilles de verveine fraîche
16 feuilles de riz
400 g de petits pois écossés
120 g de crème fleurette
1 l d'huile de pépin de raisin
sel

• Faites cuire les petits pois dans une casserole d'eau salée 10 à 12 mn. Lorsqu'ils sont très cuits, déposez-les dans un saladier d'eau glacée pour les refroidir rapidement.

• Égouttez-les, mixez-les avec la crème fleurette, assaisonnez et réservez.

• Roulez chaque langoustine avec 1 feuille de verveine dans une feuille de riz. Maintenez le tout fermé avec 2 cure-dents.

• Faites cuire les langoustines dans l'huile chauffée à 180 °C pendant environ 2 mn.

• Égouttez et salez, retirez les cure-dents avant de déguster les croustillants avec la sauce aux petits pois.

croustillants de langoustines à la verveine

biscuits fourrés
au saumon et à l'aneth

pour 6 personnes
préparation 35 mn
cuisson 10 mn
repos 30 mn

150 g de farine de blé
2 c. à soupe de millet jaune
2 c. à soupe de flocons d'avoine
60 g de beurre
1 c. à café de graines de fenouil
120 g de saumon fumé
120 g de fromage frais
1 brin d'aneth

• Coupez le beurre en petits dés, et mettez-le dans un saladier. Ajoutez la farine et travaillez le mélange du bout des doigts pour obtenir un mélange sableux. Ajoutez le millet, les flocons d'avoine, les graines de fenouil, du sel et du poivre. Mélangez, mouillez avec 2 à 3 c. d'eau froide et amalgamez rapidement. Formez une boule et laissez reposer 30 mn au frais.

• Préchauffez le four sur th. 5/150 °C. Étalez la pâte très finement sur le plan de travail fariné. Découpez des petits biscuits à l'aide d'un emporte-pièce. Disposez-les sur la plaque à pâtisserie. Piquez-les légèrement avec une fourchette et faites-les cuire 6 à 8 mn au four. Laissez refroidir sur une grille.

• Hachez finement le saumon au couteau, ainsi que l'aneth. Versez dans un saladier. Ajoutez le fromage frais et mélangez intimement. Poivrez (inutile de saler), et ajoutez un peu d'aneth. Tartinez la moitié des biscuits avec ce mélange et couvrez d'un autre biscuit. Disposez les biscuits sur un plat et servez.

Vous pouvez préparer les biscuits la veille, à condition de les garder dans une boîte hermétique.

Garnissez-les au dernier moment pour qu'ils restent croustillants.

biscuits fourrés au saumon et à l'aneth

minikouglofs au munster et au cumin

minikouglofs

au munster et au cumin

pour 6 personnes
préparation 40 mn
cuisson 30 mn
préparez la pâte la veille

200 g de munster fermier
30 g d'amandes entières
250 g de farine
10 cl de lait
1 sachet de levure de boulanger lyophilisée
1 œuf
60 g de beurre + 10 g
1 pincée de cumin en poudre
1 pincée de graines de carvi
1 pincée de noix de muscade
1 c. à soupe de sucre
poivre

• La veille : mélangez la farine, le lait tiède, le sucre, la levure et une pincée de sel dans un saladier. Travaillez la pâte 3 mn à la main, couvrez le saladier de film étirable et laissez reposer à température ambiante pendant 30 mn.

• Ajoutez dans la pâte 60 g de beurre fondu et l'œuf, travaillez à nouveau 3 mn, puis laissez reposer 30 mn. Placez au frais jusqu'au lendemain.

• Le lendemain, coupez le munster en petits dés, après avoir gratté la croûte. Ajoutez dans la pâte les dés de munster, le cumin, le carvi, la muscade et du poivre. La pâte doit être bien relevée. Travaillez l'ensemble 3 mn à la main.

• Émincez les amandes dans le sens de la hauteur. Préchauffez le four sur th. 5/150 °C. Faites fondre le beurre et badigeonnez-en les empreintes à kouglofs. Disposez une pincée d'amandes au fond de chaque empreinte.

• Coupez la pâte en 12 petits pâtons. Placez chaque pâton dans une empreinte. Faites cuire 30 mn à four moyen. Laissez tiédir quelques instants avant de démouler.

La fermentation lente, au frais (bas du réfrigérateur ou pièce fraîche), permet à la pâte de se développer lentement, avec de très fines bulles. Sa texture est aérée et elle est vraiment inratable.

minisoufflés

carotte et potimarron

pour 6 personnes
préparation 15 mn
cuisson 40 mn

4 grosses carottes bio
2 œufs
250 g de potimarron bio
1 c. à soupe de crème fraîche
poivre du moulin
cumin

• Épluchez les carottes, coupez-les en tronçons. Ôtez les graines du potimarron et découpez-le en morceaux, sans l'éplucher. Faites cuire ces 2 légumes à la vapeur.

• Mixez pour obtenir une purée homogène. Ajoutez la crème fraîche et les 2 jaunes d'œuf, le cumin, salez et poivrez. Battez les 2 blancs en neige. Incorporez 1/3 des blancs à la préparation en soulevant celle-ci avec une spatule, puis ajoutez en une seule fois le reste des blancs.

• Remplissez 6 petits moules individuels à soufflé et faites cuire au four, au bain-marie 40 mn, à th. 5-6/160 °C, sans jamais ouvrir le four.

• Décorez avec un brin de coriandre.

croquettes
jambon-fromage et tapenade de pimientos del piquillo

pour 6 personnes
préparation 20 mn
cuisson 10 mn

150 g de jambon espagnol
60 g de farine
25-30 cl de bouillon de volaille
80 g de fromage râpé
1 pincée de muscade
1 œuf
100 g de chapelure
huile mixant 4 piquillos égouttés
1 c. à soupe de pâte de tomate
1 petite gousse d'ail dégermée
1 c. à café d'huile d'olive
farine
poivre
1/2 oignon
1 c. à soupe d'huile d'olive

• Faites dorer 1/2 oignon dans 1 c. à soupe d'huile d'olive.

• Ajoutez 150 g de jambon espagnol coupé en petits morceaux et mélangez.

• Ajoutez 60 g de farine, mélangez, puis versez 25-30 cl de bouillon de volaille à peine salé.

• Faites cuire à feu doux jusqu'à ce que la pâte épaississe et se décolle facilement des parois de la casserole.

• Ajoutez 80 g de fromage râpé, poivrez et ajoutez une pincée de muscade.

• Versez dans un plat et laissez refroidir.

• Formez des croquettes de la taille d'une noix, passez-les dans la farine puis dans un œuf battu et enfin dans de la chapelure (100 g), puis faites frire dans de l'huile chaude. Épongez sur du papier absorbant.

• Servez avec une tapenade de piquillos réalisée en mixant 4 piquillos égouttés, 1 c. à soupe de pâte de tomate, 1 petite gousse d'ail dégermée et 1 c. à café d'huile d'olive.

croquettes jambon-fromage et tapenade de pimientos del piquillo

ENTRÉES FESTIVES

huîtres poêlées
à la pancetta

pour 4 personnes
préparation 20 mn
cuisson 1 mn

24 huîtres normandes
12 tranches fines de pancetta
1 c. à café d'huile d'olive
2 citrons
poivre du moulin

• Coupez les citrons en quartiers.

• Ouvrez les huîtres et retirez-les délicatement de leur coquille.

• Lavez et séchez les coquilles.

• Coupez chaque tranche de pancetta en 2.

• Enveloppez les huîtres d'un morceau de pancetta.

• Faites chauffer l'huile d'olive dans une grande poêle et faites revenir les huîtres pendant 30 secondes à 1 mn, jusqu'à ce que la pancetta soit dorée.

• Servez les huîtres dans leur coquille avec les quartiers de citron et un peu de poivre.

huîtres chaudes
au sabayon

pour 4 personnes
préparation 25 mn
cuisson 15 mn

24 huîtres fines de claire ou spécial Gillardeau
4 jaunes d'œuf
10 cl de crème fleurette
1 brin d'estragon
1/2 gousse de vanille
20 cl de vin blanc sec
poivre blanc du moulin
gros sel

• Préchauffez le four à th. 7/210 °C. Ouvrez les huîtres, détachez-les de leur coquille puis replacez-les dedans.

• Mixez la crème et les feuilles d'estragon. Fendez la 1/2 gousse de vanille en 2 et récupérez les graines. Versez le vin blanc dans une casserole avec les graines de vanille et faites légèrement réduire pendant 5 mn.

• Fouettez les jaunes d'œuf pendant 1 mn. Placez au bain-marie et ajoutez le vin petit à petit en fouettant jusqu'à ce que le mélange soit épais et mousseux. Ajoutez la crème en continuant à fouetter. Salez légèrement et poivrez.

• Déposez un lit de gros sel sur la plaque du four, rangez les huîtres et versez un peu de sabayon sur chacune. Passez au four pendant 5 mn. Servez sans attendre.

Pour les huîtres cuites, pochées ou poêlées, choisissez de préférence des huîtres normandes, charnues et qui ne réduiront pas à la cuisson.

huîtres poêlées à la pancetta

langoustines rôties,
sabayon citron vert

pour 6 personnes
préparation 10 mn
cuisson 8 mn

24 langoustines crues
30 g de beurre
poivre du moulin

Pour le sabayon :
3 jaunes d'œuf
3 c. à soupe d'eau
60 g de beurre
fleur de sel
le jus de 1 citron vert

• Décortiquez les langoustines en gardant le bout de la queue. Faites fondre le beurre dans une cocotte. Dès qu'il mousse, faites cuire les langoustines salées, poivrées, sur feu moyen en les remuant délicatement pendant 4 à 5 mn. Couvrez et retirez du feu.

• Mettez les jaunes d'œuf et l'eau dans une casserole à fond épais posée sur feu doux et fouettez jusqu'à ce que vous obteniez une consistance crémeuse. Ajoutez le beurre coupé en petits morceaux hors du feu, le jus du citron et un peu de fleur de sel toujours en fouettant. Servez aussitôt les langoustines avec la sauce.

tartare
de poissons fumés et lamelles de pommes

pour 6 personnes
préparation 10 mn

150 g de saumon fumé
150 g de haddock
150 g de hareng fumé
1 oignon rouge
quelques brins d'aneth et de coriandre
2 c. à soupe d'œufs de saumon ou de truite
2 pommes non traitées ou bio

Pour la sauce :
le jus de 2 citrons
1 c. à café de moutarde douce et sucrée
5 c. à soupe de crème liquide
1 c. à soupe de miel liquide
poivre du moulin
sel

• Coupez tous les poissons en petits dés. Hachez finement l'oignon et les herbes. Mélangez tous ces ingrédients ensemble en ajoutant les œufs de poisson. Couvrez la préparation d'un film et réservez au frais.

• Mélangez le jus de citron avec la moutarde, la crème, le miel, du sel et du poivre, puis réservez.

• Au moment de servir, lavez les pommes sous l'eau tiède, essuyez-les et coupez-les en fines lamelles. Servez le tartare sur des lamelles de pommes avec la sauce à part.

Vous pouvez préparer les lamelles de pommes un peu à l'avance, mais il faut les citronner et les envelopper dans du film pour qu'elles ne s'oxydent pas.

tartare de poissons fumés et lamelles de pommes

crevettes frites

crevettes
frites

pour 6 personnes
préparation 20 mn
cuisson 30 mn

800 g de crevettes crues surgelées et décongelées
le jus et le zeste de 1 citron vert
1 gousse d'ail
1 c. à soupe d'huile d'olive
1 pincée de piment
poivre du moulin
3 feuilles de filo
2 blancs d'œuf
4 brins d'aneth ou de coriandre hachés
2 l d'huile pour friture
sel

• Décortiquez les crevettes en gardant le petit bout de queue. Mettez-les dans un saladier avec le jus et le zeste du citron, l'huile, l'ail écrasé, un peu de sel, de poivre et de piment, couvrez d'un film alimentaire et laissez au frais jusqu'au lendemain.

• Battez les blancs d'œuf pour qu'ils moussent, ajoutez les herbes hachées, du sel, du poivre. Découpez les feuilles de filo en morceaux pour pouvoir envelopper les crevettes. Badigeonnez-les de blanc d'œuf avec un pinceau. Posez les crevettes au centre, enveloppez-les et réservez-les au fur et à mesure sur une assiette.

• Faites chauffer l'huile de friture dans une grande casserole, plongez 1 crevette dedans pour vérifier la température qui ne doit pas être trop élevée, puis faites cuire toutes les crevettes en 2 ou 3 fois. Déposez-les sur du papier absorbant et servez avec une mayonnaise au jus de citron vert.

Vous pouvez utiliser des feuilles de brick à la place des feuilles de filo.

Si vous êtes pressé, mélangez les crevettes avec les éléments de la marinade pendant 30 mn seulement.

saumon fumé,
chutney d'ananas

pour 6 personnes
préparation 10 mn
cuisson 2 h

6 tranches de saumon fumé
1 ananas Victoria
sucre glace
1 oignon rouge
1 gousse d'ail
1/4 de piment antillais frais
30 g de cassonade
3 brins d'aneth
5 c. à soupe de vinaigre de cidre
5 c. à soupe d'eau
poivre du moulin
sel

• Allumez le four sur th. 2/60 °C.

• Étalez une feuille de papier sulfurisé sur la plaque du four.

• Pelez l'ananas, coupez 12 tranches très fines et posez-les sur le papier sulfurisé, saupoudrez-les d'un voile de sucre glace à l'aide d'une petite passoire et faites-les sécher dans le four pendant 2 h. Coupez le reste de l'ananas en petits morceaux, mettez-les dans une casserole avec l'oignon, l'ail et le piment hachés, la cassonade, le vinaigre, l'eau, du sel, du poivre et l'aneth ciselé et faites cuire 10 à 15 mn en remuant souvent.

• Retirez du feu et laissez refroidir.

• Servez les tranches de saumon fumé avec le chutney d'ananas et l'ananas séché et accompagnez de très fines tranches de pain de mie grillées tartinées de crème fraîche.

Vous pouvez présenter le saumon fumé haché au couteau dans des petits verres en intercalant de fines couches de chutney et en terminant par une lamelle d'ananas séché.

saumon fumé, chutney d'ananas

salade de chou

au king crab, sauce wasabi

pour 6 personnes
préparation 10 mn
cuisson 30 s

1/2 chou blanc
2 ou 3 pattes de king crab cuites
1 c. à soupe de ciboulette
1 betterave rose (tonda di Chioggia)

Pour la sauce :
1 yaourt à la grecque
1 c. à café de pâte wasabi
(moutarde japonaise)
2 c. à soupe de mayonnaise
4 c. à soupe de jus de citron vert
poivre du moulin
1 pincée de sucre
sel

• Faites bouillir 1 l d'eau. Émincez finement le chou, mettez-le dans un saladier, puis versez l'eau bouillante dessus, attendez 30 secondes, rafraîchissez-le sous l'eau froide et égouttez-le.

• Préparez la sauce. Mélangez le wasabi avec le yaourt, la mayonnaise, le jus de citron, du sel, du poivre, le sucre, mélangez bien, ajoutez un peu d'eau si la consistance est trop épaisse.

• Décortiquez les pattes de crabe, mettez-les dans un saladier, ajoutez le chou, la ciboulette lavée, séchée et ciselée, la sauce, mélangez bien et répartissez la salade dans des verres. Ajoutez 1 ou 2 très fines rondelles de betterave. Réservez au frais jusqu'au moment de servir.

Vous pouvez remplacer le king crab par du crabe en boîte bien égoutté et la betterave par du radis noir.

salade de chou au king crab, sauce wasabi

noix
de saint-jacques et lard de colonnata

pour 6 personnes
préparation 10 mn
cuisson 4 mn

24 noix de saint-jacques
24 très fines tranches de lard de Colonnata
2 c. à soupe de graisse d'oie ou de canard
poivre du moulin
sel
1 c. à soupe de graines de sésame noir

• Enveloppez chaque noix de saint-jacques dans une tranche de lard.

• Faites fondre la graisse dans une poêle antiadhérente et faites revenir les noix 2 mn de chaque côté. Salez, poivrez, saupoudrez de graines de sésame noir et servez aussitôt.

Vous pouvez remplacer le lard de Colonnata par des tranches fines comme du papier à cigarette de pancetta.

noix de saint-jacques et lard de colonnata

saint-jacques
rôties au jambon de parme

pour 6 personnes
préparation 10 mn
cuisson 8 mn

24 noix de saint-jacques
2 tranches de jambon de Parme fines
2 gousses d'ail
3 brins de persil plat
3 tranches de pain de mie rassis
1 morceau de beurre
poivre blanc du moulin
huile d'olive
sel

• Allumez le four sur th. 7/210 °C. Posez les noix de saint-jacques sur la plaque du four légèrement huilée.

• Mixez finement l'ail, le pain, le persil, le beurre, le jambon. Étalez ce petit hachis sur les noix, arrosez d'un mince filet d'huile d'olive, salez, poivrez et faites rôtir au four pendant 8 mn environ. Servez aussitôt.

Vous pouvez cuire de la même façon de la lotte coupée en morceaux.

saint-jacques rôties au jambon de parme

foie gras
et raisins poêlés

pour 6 personnes
préparation 5 mn
cuisson 10 mn

6 escalopes de foie gras cru
1 grappe de raisin italien
1 oignon rouge
3 c. à soupe de sauce soja
poivre du moulin
1 c. à soupe de vinaigre de Xérès
1 c. à soupe de cerfeuil
poivre du moulin

• Séparez les grains de raisin de leur grappe, lavez-les et séchez-les.

• Pelez l'oignon et coupez-le en très fines rondelles.

• Faites revenir les escalopes de foie gras dans une poêle antiadhérente 1 à 2 mn de chaque côté selon l'épaisseur, puis retirez-les et réservez-les au chaud.

• Mettez les grains de raisin et les lamelles d'oignon à la place et faites cuire 5 mn environ, ajoutez la sauce soja, le vinaigre et le cerfeuil (lavé, séché et ciselé) au dernier moment.

• Remettez le foie gras dans la poêle, salez à peine, poivrez et servez aussitôt dans des assiettes préchauffées.

Pour garder au chaud, placez le foie gras dans le four à th. 2/50 °C ou mettez-le dans une assiette et couvrez-le de papier d'aluminium.

soupe feuilletée,
foie gras et truffe

pour 6 personnes
préparation 20 mn
cuisson 40 mn
au frais 2 h

250 g de pâte feuilletée
1 jaune d'œuf
6 c. à soupe de fond de volaille
1,5 l d'eau
6 c. à soupe de Noilly Prat
100 g de légumes coupés en tout petits dés (carotte, oignon, champignon, céleri branche)
20 g de beurre
200 g de foie gras cru
1 truffe ou brisures de truffe
poivre du moulin

• Délayez le fond de volaille dans l'eau et faites bouillir 10 mn environ pour faire réduire et concentrer le bouillon.

• Versez-le dans 6 bols résistant à la chaleur, ajoutez le Noilly Prat et laissez refroidir.

• Faites cuire les petits dés de légumes dans le beurre avec un peu d'eau, sans les faire colorer, puis répartissez-les dans les bols avec le foie gras coupé en morceaux et la truffe émincée, salez, poivrez. Étalez la pâte feuilletée sur le plan de travail fariné, découpez 6 disques un peu plus grands que les bols, humidifiez le pourtour des bols avec un peu d'eau, posez les disques de pâte en appuyant un peu pour les faire adhérer, puis badigeonnez-les avec le jaune d'œuf mélangé à 1 c. à soupe d'eau et réservez au frais 2 h minimum.

• Au dernier moment, allumez le four sur th. 6-7/200 °C et faites cuire les soupes feuilletées 20 mn. Servez aussitôt.

Remplacez le fond de volaille par un bouillon de volaille maison, réalisé en faisant revenir carcasse et abattis de volaille dans du beurre, colorez bien, cuisez avec bouquet garni, légumes aromatiques et 3 l d'eau pendant 2 h, filtrez le bouillon puis réduisez-le de moitié.

fraîcheur
de saumon et pomme verte

pour 4 personnes
préparation 30 mn
repos au frais 30 mn

400 g de pavé de saumon extrafrais sans la peau
1 pomme verte granny-smith
3 oignons nouveaux
1 petit concombre
1/2 barquette de pousses de shiso
1 avocat mûr
10 cl de crème liquide entière
3 c. à soupe d'huile d'olive
1 brin d'estragon
4 brins de cerfeuil
fleur de sel
1 citron
2 c. à soupe de gros sel de mer

• Parsemez le saumon de gros sel et laissez mariner 15 mn au frais. Rincez-le très rapidement et essuyez-le bien. Taillez la chair en petits cubes, couvrez d'un film alimentaire et réservez au frais.

• Émincez les oignons (réservez quelques rondelles).

• Coupez le concombre et la pomme en petits dés (réservez 1 quartier de pomme que vous émincerez en fins bâtonnets).

• Mixez l'avocat avec le jus du citron. Fouettez la crème bien froide (avec une pincée de sel) en chantilly assez souple et incorporez-la délicatement à la purée d'avocat.

• Mélangez délicatement les dés de pomme, l'oignon émincé et le concombre avec le saumon, puis arrosez d'huile d'olive.

• Répartissez dans 4 assiettes et disposez quelques quenelles de purée d'avocat-chantilly réalisées entre 2 c. à café. Ajoutez ensuite quelques pousses de shiso, de cerfeuil, d'estragon, l'oignon émincé et les bâtonnets de pomme.

• Réservez au frais 30 mn.

• Au moment de servir, répartissez la sauce sur les assiettes.

fraîcheur de saumon et pomme verte

velouté
de châtaignes au foie gras

pour 4 personnes
préparation 15 mn
cuisson 25 mn

800 g de châtaignes en bocal ou surgelées
50 cl de bouillon de volaille
20 cl de crème liquide
un morceau de foie gras
1 c. à soupe d'oignon haché
20 g de beurre
sel, poivre

• Faites revenir 1 c. à soupe d'oignon haché dans 20 g de beurre pendant 3 mn.

• Ajoutez 800 g de châtaignes en bocal ou surgelées.

• Versez 50 cl de bouillon de volaille, salez légèrement et poivrez. Portez à ébullition et laissez cuire sur feu doux pendant 20 mn.

• Ajoutez 20 cl de crème liquide. Mixez et servez avec un morceau de foie gras.

velouté
de lentilles au foie gras

pour 4 personnes
préparation 10 mn
cuisson 30 mn

250 g de lentilles vertes
1 c. à soupe d'oignon haché
1 c. à soupe d'huile d'olive
1 cube de bouillon de volaille
1 bouquet garni
1 morceau de foie gras
sel, poivre

• Faites revenir 1 c. à soupe d'oignon haché dans 1 c. à soupe d'huile d'olive, puis ajoutez 250 g de lentilles vertes.

• Recouvrez avec 1,25 l d'eau, ajoutez 1 cube de bouillon de volaille et 1 bouquet garni. Salez et poivrez.

• Couvrez et laissez cuire à petits bouillons pendant 30 mn.

• Retirez le bouquet garni et mixez finement (passez au chinois si vous le souhaitez). Rectifiez l'assaisonnement et servez avec 1 morceau de foie gras.

torsades
feuilletées

pour 4 personnes

une pâte feuilletée
1 jaune d'œuf
2 c. à soupe de graines de sésame
2 c. à soupe de graines de pavot

• Découpez une pâte feuilletée en lanières et étalez-les sur une plaque à four recouverte de papier de cuisson.

• Badigeonnez-les de jaune d'œuf.

• Saupoudrez la moitié avec 2 c. à soupe de graines de sésame et l'autre moitié avec 2 c. à soupe de graines de pavot.

• Vrillez les lanières pour former des torsades. Réservez au réfrigérateur pendant 15 mn.

• Faites cuire dans le four préchauffé à th. 6/180 °C pendant 10-15 mn.

salade
de langouste tiède

pour 6 personnes
préparation 10 mn
cuisson 10 mn

3 queues de langouste surgelées
beurre
3 avocats
2 petits oignons rouges
500 g de jeunes pousses de salade lavée (épinards, roquette, etc.)
1 gousse d'ail
1 petit piment
le jus de 2 citrons verts
le jus de 1 orange
huile de sésame
poivre du moulin

• La veille, mettez les queues de langouste à décongeler. Le lendemain, décortiquez-les, coupez la chair en morceaux et faites-les revenir dans une poêle avec un peu de beurre à feu doux pendant 10 mn. Ajoutez l'ail et le piment hachés en fin de cuisson, puis retirez du feu, versez les jus de citron et d'orange et transvasez la préparation dans un saladier.

• Assaisonnez avec 6 c. à soupe d'huile de sésame, ajoutez les avocats et les oignons coupés en dés, puis la salade. Mélangez bien et réservez au frais jusqu'au moment de servir.

Vous pouvez ciseler au dernier moment de la coriandre fraîche par-dessus.

salade de langouste tiède

terrine
de foie gras aux fruits secs

pour 6 personnes
préparation 10 mn
cuisson 5 mn
au frais 1 nuit

250 g de foie gras mi-cuit
4 abricots secs
1 c. à soupe de raisins secs
1 c. à soupe de noix hachées
1 c. à soupe d'amandes hachées
20 g de beurre
2 c. à soupe de vinaigre de Xérès
2 c. à soupe de porto blanc ou autre alcool
2 pincées de piment de Cayenne
confiture de prunes ou gelée de groseille
poivre du moulin
sel

• Coupez le foie gras en dés et mettez-les dans un saladier.

• Faites fondre le beurre dans une poêle, ajoutez les fruits secs, les raisins et les abricots découpés en petits dés, faites revenir doucement puis ajoutez le vinaigre et le porto, du sel, du poivre et le piment.

• Lorsque les liquides sont évaporés, versez les fruits secs sur le foie gras, mélangez délicatement et mettez la préparation dans une petite terrine tapissée de film étirable. Tassez bien, rabattez le film sur le dessus et mettez au frais une nuit minimum.

• Servez avec des toasts grillés et de la confiture de prunes ou de la gelée de groseille.

Vous pouvez remplacer les abricots par des figues et les noix et amandes par des pistaches, des graines de pavot ou de nigelle.

terrine de foie gras aux fruits secs

LES PETITS PLATS DANS LES GRANDS

koulibiac

pour 6 personnes
préparation 15 mn
cuisson 45 mn

6 pavés de saumon sans peau ni arêtes
1 grosse poignée d'épinards frais
1 oignon
100 g de polenta précuite
10 cl de crème fleurette
40 g de parmesan râpé
6 feuilles de brick
50 g de beurre fondu
1 c. à soupe de graines de pavot
huile d'olive
poivre du moulin

• Faites cuire la polenta en suivant les indications sur le paquet, ajoutez la crème et le parmesan à la fin, retirez du feu, étalez la polenta sur une feuille de papier sulfurisé en lui donnant une forme de rectangle et laissez refroidir.

• Allumez le four sur th. 6/180 °C.

• Lavez les épinards, essorez-les bien et faites-les revenir dans une poêle avec l'oignon haché et un peu d'huile d'olive jusqu'à ce qu'ils soient cuits.

• Étalez une feuille de brick sur le plan de travail, badigeonnez-la de beurre fondu à l'aide d'un pinceau, déposez au centre un rectangle de polenta, puis un pavé de saumon salé et poivré et une couche d'épinards.

• Enveloppez l'ensemble de façon à former un paquet, badigeonnez de beurre fondu et parsemez de graines de pavot.

• Recommencez de la même façon pour les 5 autres, posez-les au fur et à mesure sur une plaque recouverte de papier sulfurisé et faites cuire 35 à 40 mn.

• Servez aussitôt accompagné d'une salade de jeunes pousses.

Vous pouvez utiliser des pavés de saumon et des épinards surgelés, faites-les juste décongeler avant.

saumon grillé
amandes et beurre de noisettes mousseline

pour 4 personnes
préparation 10 mn
cuisson 20 mn + 2 h (la veille)

4 pavés de saumon
2 citrons non traités
1/4 de chou frisé
50 g de poudre de noisettes
50 g d'amandes entières
125 g de beurre ramolli
huile d'arachide
fleur de sel
poivre du moulin
quelques brins d'aneth

• La veille, faites dorer les amandes au four th. 4/120 °C pendant 2 h en les remuant souvent.

• Le jour même, faites brunir sur feu vif la poudre de noisettes dans une poêle à sec en surveillant que cela ne brûle pas. Retirez-la, laissez refroidir puis battez-la avec le beurre au fouet électrique. Faites des boules de beurre entre vos mains et placez-les au frais.

• Faites revenir le chou en lamelles dans une poêle avec 2 c. à soupe d'huile pendant 10 mn, ajoutez les amandes. Réservez au chaud.

• Faites chauffer sur feu vif un gril badigeonné d'huile et faites griller les citrons lavés et coupés en 2, côté pulpe sur le gril.

• Retirez-les et remplacez-les par les pavés de saumon côté peau sur le gril. Faites-les cuire 5 mn puis retournez-les et poursuivez la cuisson 3 mn côté chair. Salez à la fleur de sel et poivrez au moulin. Servez les pavés de saumon avec le chou aux amandes, le beurre de noisettes et les citrons grillés. Parsemez d'aneth et servez aussitôt.

Vous pouvez accompagner le saumon d'un gratin de pommes de terre.

lotte grillée,
sauce vierge au pamplemousse

pour 4 personnes
préparation 25 mn
cuisson 20 mn

500 g de lotte
1 kg de coques
1 c. à soupe d'huile d'olive
3 ou 4 carottes pourpres
quelques feuilles de basilic thaï

Pour la sauce vierge :
3 c. à soupe de ciboulette ciselée
2 gousses d'ail finement haché
3 à 4 c. à soupe d'huile d'olive
les quartiers de 1 pamplemousse prélevés à vif

• Coupez la lotte en tronçons.

• Ouvrez les coques dans une casserole chaude, récupérez leur jus et décortiquez-les.

• Faites cuire les carottes à l'eau bouillante salée, puis rafraîchissez-les à l'eau glacée afin de préserver leur couleur.

• Faites la sauce vierge en mélangeant tous les ingrédients.

• Faites griller la lotte dans une poêle avec de l'huile d'olive.

• Réchauffez les carottes et les coques dans le jus des coques.

• Servez avec la lotte grillée 3-4 mn de chaque côté, le jus et la sauce vierge. Ajoutez quelques feuilles de basilic thaï sur le dessus.

lotte grillée, sauce vierge au pamplemousse

veau, poêlée d'endives, beurre de chou rouge

veau,
poêlée d'endives, beurre de chou rouge

pour 4 personnes
préparation 30 mn
cuisson 20 mn

2 côtes de veau
4 endives
2 oignons blancs
3 cébettes
1/4 de cœur de chou rouge
120 g de beurre
1 c. à soupe d'huile de colza
1 c. à café de sucre
8 noix
vinaigre de vin blanc
1 grenade
farine
sel
poivre

• Lavez, effeuillez le chou et mettez-le pendant 5 mn dans une casserole d'eau bouillante vinaigrée. Égouttez-le, faites-le fondre à la poêle dans 10 g de beurre et 10 cl d'eau. Salez et poivrez. Laissez compoter à feu doux.

• Faites fondre 20 g de beurre avec l'huile dans une autre poêle. Farinez légèrement la viande des 2 côtés en tapotant pour retirer l'excédent de farine et faites-la dorer 2 mn par face dans le beurre mousseux et l'huile. Ajoutez les cébettes ciselées et les oignons émincés, salez, poivrez. Réservez le jus et la viande au chaud.

• Lavez les endives et émincez les feuilles avec un éplucheur à légumes ou un couteau bien aiguisé. Faites-les revenir dans le jus de cuisson du veau réservé (au besoin, ajoutez une noix de beurre frais). Saupoudrez de sucre, salez et poivrez généreusement.

• Ouvrez la grenade en 2 et pressez sur la peau au-dessus d'un bol pour recueillir les graines. Récupérez le jus de cuisson du chou rouge, faites-le chauffer à feu moyen, ajoutez le beurre restant en fouettant, rectifiez l'assaisonnement. Répartissez les endives dans 4 assiettes, coupez la viande en tranches, déposez-les dessus, ajoutez les noix décortiquées et hachées grossièrement et les graines de grenade. Répartissez le beurre de chou autour, poivrez et servez aussitôt.

filets de bar
farcis aux crevettes

pour 4 personnes
préparation 10 mn
cuisson 20 mn

4 filets de bar
8 crevettes roses cuites
1 noix de gingembre
1 citron
huile d'olive
1/2 bouquet de coriandre
2 c. à soupe de sauce soja
2 c. à soupe de crème fraîche
1 œuf
poivre du moulin
piment

• Allumez le four sur th. 6/180 °C.

• Décortiquez les crevettes et râpez le gingembre. Lavez, séchez et effeuillez la coriandre.

• Mixez grossièrement les crevettes avec le gingembre, la coriandre, du sel, du poivre, du piment, la crème, l'œuf, 1 filet d'huile d'olive et la sauce soja.

• Répartissez la farce sur les filets, roulez-les sur eux-mêmes, puis ficelez-les. Coupez le citron en fines rondelles et déposez-les sur les filets. Faites cuire dans le four 20 mn.

Vous pouvez cuire les filets farcis à la vapeur pendant 12 mn en posant sur le panier une feuille de papier sulfurisé piquée de quelques trous.

filets de bar farcis aux crevettes

pies à la volaille
et aux champignons séchés

pour 4 personnes
préparation 20 mn
cuisson 30 mn

40 g de champignons séchés (cèpes, morilles, trompette-de-la-mort, chanterelles...)
4 petits blancs de poulet
12 cl de vin blanc sec
1 oignon
1 gousse d'ail
1 c. à soupe d'huile d'olive
sel poivre

• Faites tremper les champignons séchés pendant 15 mn dans l'eau tiède.

• Préchauffez le four à th. 6-7/200 °C. Faites revenir l'oignon épluché et émincé et la gousse d'ail épluchée et hachée dans 1 c. à soupe d'huile d'olive pendant 3-4 mn.

• Coupez les blancs de poulet en morceaux et faites-les dorer pendant 5 mn dans une poêle. Déglacez avec 12 cl de vin blanc sec, laissez réduire pendant 3 mn.

• Égouttez les champignons et ajoutez-les dans la poêle avec 20 cl de crème. Salez et poivrez. Poursuivez la cuisson pendant 2 mn.

• Répartissez le mélange dans 4 petits bols qui résistent à la chaleur du four et recouvrez chacun d'un disque de pâte feuilletée surgelée décongelée. Badigeonnez de jaune d'œuf et faites cuire pendant 20 mn environ.

pies à la volaille et aux champignons séchés

tortelli

sfogliavelo aux cèpes, escalopes de homard à la marjolaine

pour 4 personnes
préparation 5 mn
cuisson 20 mn

2 paquets de sfogliavelo aux cèpes
(tortelli pâte fine)
2 petits homards
1 petite botte de marjolaine fraîche
2 cèpes nettoyés d'environ 60 g
160 g de beurre
sel

Pour le court-bouillon :
1 gousse d'ail non épluchée
quelques tiges de persil plat (feuilles et tiges)
quelques grains de poivre noir
quelques rondelles de carottes

• Portez 1 litre d'eau à ébullition avec l'ail, le persil, les grains de poivre et la carotte, salez, et faites cuire les homards dedans pendant 13 mn environ.

• Sortez les homards, retirez la carapace, détaillez la chair en médaillons.

• Pendant ce temps, dans une casserole d'eau légèrement salée, portée à ébullition, faites cuire les sfogliavelo 2-3 mn.

• Lavez et séchez les feuilles de marjolaine. Faites fondre le beurre dans une poêle et jetez la marjolaine dedans.

• Lorsque les tortelli sont cuits, poêlez-les dans le beurre et la marjolaine

• Avec les restes de beurre aromatisé, badigeonnez le homard.

• Nettoyez les cèpes et découpez-le en fines lamelles.

• Répartissez les tortelli sur 2 assiettes, ajoutez une escalope et une pince de homard sur chacune et décorez avec des lamelles de cèpe cru.

canard
à l'orange

pour 6 personnes
préparation 20 mn
cuisson 1 h 30

1 canard de 3 kg
4 oranges non traitées
1 carotte
1 oignon
3 c. à soupe de miel d'acacia
10 cl de vin moelleux
2 c. à soupe de graisse de canard ou de beurre
quatre-épices
poivre du moulin

Pour la farce :
8 figues sèches
1 orange
150 g de raisins secs
2 tranches de pain brioché

Pour le potimarron :
1 potimarron
50 g de beurre
1 orange
poivre du moulin

• Brossez 3 oranges sous l'eau fraîche puis, à l'économe, prélevez leur zeste, sans la peau blanche. Blanchissez-le dans l'eau bouillante 3 mn, égouttez-le et détaillez-le en bâtonnets. Pelez à vif les oranges zestées, prélevez les quartiers et réservez. Pelez et émincez l'oignon et la carotte.

• Préparez la farce : hachez le pain et mélangez-le avec les fruits secs coupés en petits dés. Pressez l'orange et mouillez la farce avec son jus. Salez, poivrez et farcissez-en le canard. Refermez la volaille avec de la ficelle de cuisine.

• Mélangez le miel avec les zestes d'orange et le quatre-épices. Pressez 1 orange. Badigeonnez la viande et posez-la dans un plat allant au four préalablement enduit de graisse de canard. Posez autour la carotte et l'oignon émincés et faites cuire la viande 1 h 30 en l'arrosant régulièrement avec le jus d'orange et le vin.

• Préparez le potimarron : pelez, épépinez et coupez-le en quartiers. Pressez l'orange. Faites cuire le potimarron doucement, à couvert, dans le beurre avec le jus d'orange. Salez et poivrez.

• Sortez la volaille du four, découpez-la et servez-la avec un peu de farce, son jus de cuisson, des quartiers d'orange crue et le potimarron.

Vous pouvez, la veille, badigeonner le canard de miel épicé et le garder au réfrigérateur jusqu'au lendemain. Il n'en sera que meilleur.

canard à l'orange

filets de canette
à la mangue fraîche épicée

pour 4 personnes
préparation 20 mn
cuisson 6 mn

4 filets de canette
1 belle mangue mûre
2 poignées de pousses de soja
10 feuilles de basilic thaï ou de coriandre
80 g de cacahuètes
1 c. à café de piment d'Espelette
1 c. à café de sel fin
4 c. à café de miel liquide

Pour la sauce :
1 bâton de citronnelle
4 cives ou 4 petits oignons frais
le jus d'1 citron vert
2 c. à soupe de sauce soja
1 c. à café de nuoc-mâm
4 c. à soupe d'huile d'olive

• Incisez la peau des filets, puis frottez-les avec le piment d'Espelette et le sel. Réservez au frais 1/2 h. Lavez et séchez le soja et le basilic.

• Préparez la sauce : pelez les cives, lavez-les puis émincez-les.

• Ôtez les écorces dures de la citronnelle, puis émincez le cœur.

• Hachez les cacahuètes.

• Mélangez le jus de citron, les sauces soja et nuoc-mâm et l'huile, puis ajoutez la citronnelle et la cive. Sortez les filets de canette du réfrigérateur, posez-les sur la grille, dans le four, sous le gril. Faites-les cuire 5 mn côté peau, et 3 mn côté chair. Puis laissez-les reposer à la sortie du four 5 mn sous une feuille d'aluminium.

• Pendant ce temps, pelez, dénoyautez et coupez la mangue en tranches fines.

• Faites griller les cacahuètes à sec dans une poêle.

• Sur chaque assiette, disposez un peu de mangue et de pousses de soja.

• Tranchez finement les filets et posez-les sur les assiettes.

• Couvrez-les de sauce. Ajoutez un filet de miel, parsemez-les de cacahuètes grillées, de feuilles de basilic (ou coriandre) et servez aussitôt.

Pour éviter de salir votre four, placez la « lèchefrite » sous la grille et remplissez-la d'eau. Ainsi, la graisse qui coule durant la cuisson ne cuira pas.

filets de canette à la mangue fraîche épicée

blanquette
de poularde, badiane et réglisse

pour 6 personnes
préparation 15 mn
cuisson 2 h

1 poularde coupée en morceaux
30 g de beurre
2 c. à soupe de farine
1 bâton de réglisse
2 étoiles de badiane
1 pincée de curry
50 cl de bouillon de volaille
50 cl de crème liquide
poivre du moulin

• Faites revenir les morceaux de poularde dans le beurre dans une grande cocotte. Dès qu'ils sont dorés, saupoudrez de farine et de curry, puis mouillez avec le bouillon de volaille, salez à peine, poivrez, ajoutez la réglisse coupée en 4 et la badiane, faites bouillir 10 mn, puis ajoutez la crème.

• Laissez mijoter sur feu très doux et à découvert pendant presque 2 h.
Si le liquide réduit trop, couvrez la cocotte.

• Servez avec des gnocchis ou des pâtes fraîches.

Pour une note d'ailleurs, remplacez la crème liquide par du lait de coco dans les mêmes proportions et accompagnez d'une purée de patates douces.

blanquette de poularde, badiane et réglisse

canette rôtie,
marrons et nouilles japonaises

4 personnes
préparation 10 mn
cuisson 2 h

1 canette de barbarie
1 oignon
2 gousses d'ail
1 c. à soupe de miel
6 c. à soupe de sauce teriyaki (Kikkoman)
le jus de 2 oranges
200 g de marrons au naturel
2 paquets de nouilles japonaises précuites
poivre du moulin

• Allumez le four sur th. 5/150 °C.

• Piquez la canette avec la pointe d'un couteau sur toute la surface de la chair.

• Mettez l'ail et l'oignon coupés en 4 à l'intérieur, puis badigeonnez-la de miel, posez-la dans un plat allant au four, arrosez-la de sauce teriyaki et de jus d'orange, salez, poivrez et faites-la cuire 2 h à four doux en la retournant souvent.

• Ajoutez les marrons 20 mn avant la fin de la cuisson.

• Préparez les pâtes en suivant les indications sur le paquet.

• Laissez la canette reposer 15 mn dans de l'aluminium avant de la découper.

• Dégraissez la sauce et mélangez-la aux pâtes et aux marrons. Servez sans attendre.

Pour plus de convives, prévoyez 2 canettes et donc doublez les proportions.
Les nouilles japonaises s'achètent dans les rayons épiceries du monde.

canette rôtie, marrons et nouilles japonaises

rôti de biche
et poires au lard

pour 6-8 personnes
préparation 30 mn
cuisson 1 h

1 rôti de biche d'1,5 kg environ
2 c. à soupe de moutarde forte
2 c. à soupe de graines de moutarde
6 ou 8 poires
1 bouteille de vin rouge corsé
5 c. à soupe de miel
2 c. à soupe de chili en poudre
1 c. à soupe de graines de coriandre
1 c. à soupe de baies de genièvre
6 ou 8 tranches de lard fines
beurre
sel
poivre

• La veille ou le matin même, badigeonnez la viande de moutarde forte, salez et poivrez. Saupoudrez-la de graines de moutarde et réservez-la au frais recouverte de papier d'aluminium.

• Préparez les poires : pelez les poires et évidez-les par le dessous. Faites bouillir le vin avec le miel et les épices, et ajoutez les poires. Faites-les pocher environ 20 mn à petits frémissements.

• Laissez-les refroidir dans le vin, puis sortez-les à l'aide d'une écumoire. Faites réduire le vin des 3/4 sur feu vif.

• Au dernier moment, allumez le four th. 8/240 °C et beurrez un plat à four. Mettez le rôti dans le plat et faites-le cuire dans le four chaud pendant 30 à 40 mn en fonction du poids et du degré de cuisson désiré.

• Pendant ce temps, réchauffez les poires dans le vin réduit. Rectifiez l'assaisonnement en ajoutant du sel et du poivre.

• Faites dorer les tranches de lard dans une poêle avec un peu de beurre sur feu doux.

• Laissez reposer la viande 5 mn recouverte de papier d'aluminium. Puis découpez-la et servez-la avec les poires et le lard.

Pour accompagner cette recette, proposez un gratin de pommes de terre et de céleri-rave : dans un plat à gratin, intercalez des tranches de céleri et des rondelles de pommes de terre avec sel, poivre, quatre-épices et crème fleurette, et faites cuire le gratin pendant 1 h environ à four moyen.

magrets
de canard au miel, aux épices et aux châtaignes

pour 4 personnes
préparation 10 mn
cuisson 20 mn

1 c. à café de gingembre en poudre
1 c. à café de cannelle en poudre
1/2 c. à café de coriandre en poudre
1 c. à café de poivre noir concassé
1 pincée de muscade râpée
2 magrets de canard
1 échalote
1 c. à soupe d'huile
2 c. à soupe de miel
2 c. à soupe de vinaigre de Xérès
jus de 1/2 citron
sel

• Mélangez 1 c. à café de gingembre en poudre, 1 c. à café de cannelle en poudre, 1/2 c. à café de coriandre en poudre, 1 c. à café de poivre noir concassé et 1 pincée de muscade râpée.

• Incisez 2 magrets de canard côté peau et frottez-les avec la moitié du mélange d'épices.

• Passez sous le gril du four préchauffé 10 mn, puis laissez reposer dans le four 10 mn.

• Pendant ce temps, faites fondre 1 échalote émincée avec 1 c. à soupe d'huile neutre. Ajoutez le reste des épices, puis 2 c. à soupe de miel, 2 c. à soupe de vinaigre de Xérès et le jus de 1/2 citron. Laissez caraméliser quelques minutes.

• Faites réchauffer 400 g de châtaignes au naturel dans 20 g de beurre pendant 10 mn. Salez et poivrez.

• Coupez les magrets en tranches épaisses, salez, poivrez. Servez avec les châtaignes et nappez de sauce.

canard sauté
au gingembre et aux amandes

pour 4 personnes
préparation 15 mn
cuisson 15 mn

300 g de magret de canard
3 cm de gingembre frais
jus de citron
3 morceaux de gingembre confit
50 g d'amandes émondées
1 échalote
2 c. à soupe d'huile d'olive
1 c. à soupe de miel
1 c. à soupe de sauce soja sucrée
1 c. à soupe d'amidon de maïs

• Ôtez le gras du magret, puis émincez la viande en très fines tranches.

• Saupoudrez-le légèrement d'amidon de maïs.

• Pelez le gingembre frais, et coupez-le en petits bâtonnets.

• Émincez le gingembre confit de la même façon.

• Pelez et hachez l'échalote.

• Faites chauffer l'huile dans un wok, ajoutez l'échalote et laissez dorer à feu doux pendant 5 mn. Réservez.

• Ajoutez le canard dans le wok, saisissez-le 2 mn à feu vif, puis réservez.

• Mettez dans le wok les gingembres frais et confits, les amandes, le miel et arrosez de jus de citron. Faites réduire 3 mn à feu vif.

• Ajoutez le canard, faites chauffer 1 mn et servez, avec du riz nature.

magrets de canard au miel, aux épices et aux châtaignes

lotte
en croûte de sel et citrons à l'anglaise

pour 4 personnes
préparation 10 mn
cuisson 25 mn

2 kg de lotte
4 citrons non traités
gros sel de mer

• Préchauffez le four sur th. 8/240 °C. Ficelez la lotte comme un rôti, déposez-la dans un plat à four et recouvrez-la entièrement de gros sel. Enfournez la lotte pendant 25 mn.

• Faites bouillir une casserole d'eau et déposez les citrons pendant 15 mn.

• Quand la lotte est cuite, laissez-la reposer 30 mn dans le sel. Après ce temps, retirez-la du sel, levez les filets et taillez-les en médaillons. Servez la lotte entourée des citrons cuits à l'anglaise.

lotte en croûte de sel et citrons à l'anglaise

RECETTES POUR TOUTE LA TRIBU

tagine d'agneau,
dattes et clémentines

pour 6 personnes
préparation 10 mn
cuisson 2 h

1 kg de collier d'agneau coupé en morceaux
2 oignons
4 gousses d'ail
3 c. à soupe d'huile d'olive
1 c. à café de cumin en poudre
1 c. à café de cannelle en poudre
1 pincée de quatre-épices
1 c. à café de miel
1 pointe de piment de Cayenne
125 g de dattes dénoyautées
poivre du moulin
8 clémentines de Corse avec les feuilles, non traitées

• Faites chauffer l'huile dans une grande cocotte et faites revenir l'oignon coupé en petits dés sur feu doux. Ajoutez les morceaux d'agneau et faites-les dorer sur toutes les faces. Ajoutez l'ail épluché et haché, les épices, le miel, du sel, du poivre, les dattes, le jus de 2 clémentines et 1/2 verre d'eau, couvrez et faites cuire 1 h sur feu très doux.

• Lavez les 6 clémentines en les brossant sous l'eau chaude, coupez-les en 2, ajoutez-les dans la cocotte en mettant les feuilles sur le dessus et laissez mijoter encore 1 h.

• Servez avec une purée de panais.

Vous pouvez aussi glisser la cocotte dans le four sur th. 5-6/160 °C.
Vous pouvez préparer ce plat la veille et le réchauffer doucement le jour même.

rôti
de lotte

pour 4 personnes
préparation 20 mn
cuisson 1 h

1 lotte séparée en 2 filets
100 g de jambon de Parme en tranches très fines
2 courgettes vertes
1 courgette jaune
1 tomate
1 citron
poivre du moulin
thym
piment
sucre
huile d'olive
sel

• Allumez le four sur th. 7/210 °C.

• Lavez les légumes. Coupez les courgettes en lamelles, la tomate et le citron en fines rondelles. Mettez les légumes et le citron à plat sur un papier sulfurisé placé sur la plaque du four, salez, poivrez, ajoutez un peu de piment et de sucre, un filet d'huile d'olive et faites cuire 20 mn environ. Sortez-les du four et baissez le thermostat à 6/180 °C.

• Étalez les tranches de jambon côte à côte sur le plan de travail, posez 1 filet de lotte dessus, les légumes, puis l'autre filet de lotte (placez les 2 filets têtes bêches pour avoir un rôti de diamètre à peu près régulier).
Rabattez le jambon sur le dessus et ficelez le rôti, parsemez de thym, arrosez d'un filet d'huile d'olive, salez peu, poivrez et faites cuire 30 à 40 mn. Servez aussitôt.

Vous pouvez faire cuire la lotte sans les légumes au milieu, mettez juste des herbes et assaisonnez. Comptez alors 30 mn de cuisson.

rôti de lotte

rôti
de saumon aux épinards

pour 4 personnes
préparation 10 mn
cuisson 30 mn

600 g de saumon sans peau ni arêtes
100 g de pousses d'épinards
1 œuf
100 g de ricotta
50 g d'amandes en poudre ou de mie
de pain de mie
1 gousse d'ail
poivre du moulin
piment
huile d'olive
2 c. à soupe de parmesan
sel

• Allumez le four sur th. 6/180 °C.

• Coupez le saumon en 2 dans l'épaisseur, arrêtez-vous avant de séparer les 2 moitiés. Mélangez la ricotta avec l'ail pelé et haché, l'œuf entier, les amandes ou la mie de pain, du sel, du poivre, un peu de piment et un filet d'huile d'olive.

• Réservez 2 c. à soupe de farce et étalez le reste à l'intérieur du poisson, ajoutez la moitié des épinards crus lavés et refermez.

• Étalez la farce réservée sur le poisson, posez dessus les épinards restants, ficelez l'ensemble, arrosez d'un filet d'huile d'olive, salez, poivrez et saupoudrez de parmesan. Faites cuire 30 mn au four, laissez reposer 5 mn le four éteint puis servez.

En version individuelle, superposez 2 morceaux de saumon avec un peu de farce au milieu, enveloppez dans des feuilles d'épinards blanchies 30 secondes dans de l'eau bouillante et égouttées. Passez au four 15 à 20 mn.

rôti de saumon aux épinards

poularde farcie,
purée de céleri truffée

pour 8-10 personnes
préparation 40 mn
cuisson 3 h 20

2 belles poulardes fermières

Pour la farce :
200 g de marrons cuits
500 g de viande hachée de porc ou de veau
150 g de foies de volaille
150 g de chutes de foie gras 100 g de lard gras
50 g de pain de mie décroûté
50 g de lait
20 g de beurre
20 g de truffe noire
20 g d'huile neutre

Pour la purée de céleri aux truffes :
2 gros céleris
200 g de beurre demi-sel
100 g de crème épaisse
1 truffe émincée
fleur de sel
200 g de marrons cuits

• Préparez la farce : mettez le pain à tremper avec le lait. Coupez en dés les foies de volaille et le lard sans la couenne. Dans une poêle, faites mousser à feu doux le beurre et l'huile 4 mn en mélangeant. Laissez refroidir. Dans le robot, hachez la truffe avec la viande, le foie gras, le pain trempé, 1 c. à café de sel et du poivre. Avec une spatule, incorporez les autres ingrédients. Farcissez la volaille et refermez-la bien. Mettez-la dans un plat à rôtir et recouvrez-la de fines lamelles de beurre salé.
Préchauffez le four à th. 3-4/100 °C.
Dans un plat, versez un peu du mélange beurre-huile. À feu moyen, faites dorer légèrement la volaille sur toutes les faces.

• Enfournez 3 h en arrosant la volaille tous les quarts d'heure avec le jus de cuisson.

• Pour la purée : épluchez les céleris, coupez-les en 8 et mettez à cuire à la cocotte 15-20 mn. Vérifiez la cuisson. Mixez finement avec 180 g de beurre et la crème. Ajoutez la truffe.
Poêlez les marrons dans le beurre restant et mélangez-les en morceaux à la purée.

• Laissez la volaille 15 mn dans le four éteint avec porte entrouverte. Servez-la découpée avec la farce à part et la purée.

couscous d'oie
aux légumes anciens

pour 6 personnes
préparation 15 mn
cuisson 2 h 30

1 oie de 4 kg
thym
3 l de bouillon de volaille reconstitué
1,5 kg de légumes anciens (carottes jaunes ou violettes, betteraves, panais, navets boule d'or, pommes de terre violettes, etc.)
500 g de semoule de blé dur moyenne ou fine
poivre du moulin
sel

• Allumez le four sur th. 6/180 °C.

• Portez le bouillon de volaille à ébullition, plongez l'oie dedans et faites-la bouillir 30 mn à petits frémissements.

• Sortez l'oie du bouillon et mettez-la dans un plat de cuisson avec 1 louche de bouillon, salez, poivrez, piquez-la à plusieurs endroits avec la pointe d'un couteau. Faites cuire au four pendant 1 h.

• Épluchez tous les légumes, coupez-les en gros morceaux et mettez-les dans le plat autour de la volaille, parsemez viande et légumes de thym. Baissez le thermostat à 5/150 °C et poursuivez la cuisson encore 1 h. Arrosez régulièrement l'oie avec du bouillon pour qu'elle soit bien moelleuse.

• Préparez la semoule en suivant les indications sur le paquet et réservez au chaud.

• Laissez reposer l'oie 15 mn avant de la découper, puis servez avec les légumes et la semoule.

Vous pouvez cuire l'oie directement dans le four sans la plonger dans le bouillon mais elle sera plus moelleuse précuite dedans.

couscous d'oie aux légumes anciens

rôti de veau, cuisse de lapin, purée de pommes de terre et châtaignes

rôti de veau,

cuisse de lapin, purée de pommes de terre et châtaignes

pour 2 personnes
préparation 15 mn
cuisson 1 h

2 petites cuisses de lapin désossées
1 rôti de veau de lait (dans le filet) d'environ 500 g
1 oignon
1 carotte
2 branches de céleri
huile d'olive
1 bouquet garni
1 gousse d'ail
2 verres de vin Soave (blanc vénitien)
5 tranches fines de pancetta
marjolaine, romarin, sauge
sel

Pour la purée de châtaignes et pommes de terre :
250 g de pommes de terre épluchées, cuites à l'eau et écrasées
150 g de châtaignes épluchées, cuites à l'eau et écrasées
60 g de beurre doux
poivre du moulin
50 g de parmigiano reggiano fraîchement râpé
1 feuille de laurier
50 g de lait frais entier

• Effeuillez, lavez, séchez et hachez la marjolaine, le romarin et la sauge. Mélangez-les.

• Épluchez la carotte, le céleri et l'oignon, lavez-les et coupez-les en petits cubes.

• Dans une cocotte, faites revenir le rôti dans un peu d'huile d'olive avec les légumes.

• Mouillez avec le vin blanc, ajoutez le bouquet garni et l'ail entier non épluché.

• Faites cuire au four à th. 5-6/170 °C pendant environ 1 h. Arrosez la viande régulièrement avec son jus de cuisson.

• Pendant ce temps, farcissez les cuisses de lapin avec la pancetta et le hachis d'herbes aromatiques. Faites-les revenir dans une poêle antiadhérente.

• Poursuivez la cuisson dans le four, avec le rôti de veau (au bout de 20 mn de cuisson du rôti). Préparez la purée. Portez à ébullition le lait avec le laurier, salez, poivrez. Incorporez-le, encore chaud, aux pommes de terre et aux châtaignes écrasées, ainsi que le beurre.

• Ajoutez le parmigiano, mélangez jusqu'à obtenir une purée lisse et homogène.

• Disposez 2 quenelles de purée dans 2 assiettes, puis 1 tranche de rôti et 1 cuisse de lapin dans chacune. Arrosez l'ensemble avec le jus de cuisson de la viande.

pot-au-feu
et foie gras en feuille de chou

pour 6 personnes
préparation 20 mn
cuisson 2 h 30

800 g de veau (paleron)
800 g de bœuf (gîte-gîte)
1 c. à soupe d'huile
30 g de beurre
1 bouquet garni
gros sel
10 grains de poivre
1 oignon piqué d'1 clou de girofle
2 gousses d'ail
6 petits poireaux
6 carottes
6 navets
1/2 céleri-rave
6 feuilles de chou
6 escalopes de foie gras crues de 80 g environ
poivre du moulin

• Demandez à votre boucher de découper chaque viande en 12 gros cubes, puis de les ficeler par 4, 2 morceaux de bœuf, 2 morceaux de veau, comme un damier, vous obtenez 6 paquets. Faites revenir les viandes ficelées dans une grande cocotte dans le beurre et l'huile jusqu'à ce qu'elles soient dorées sur toutes les faces.

• Recouvrez-les entièrement d'eau ou de bouillon de volaille, portez à ébullition, écumez durant 10 mn environ, puis ajoutez le bouquet garni, l'oignon, l'ail épluché, 1 c. à soupe de gros sel, les grains de poivre et laissez frémir pendant 1 h 30.

• Épluchez et lavez tous les légumes, ajoutez-les dans la cocotte au bout d'1 h, sauf le chou, et prolongez la cuisson encore 1 h.

• Faites blanchir les feuilles de chou dans de l'eau bouillante salée pendant 10 mn, passez-les sous l'eau froide et égouttez-les.

• Enveloppez chaque tranche de foie gras salée et poivrée dans une feuille de chou et faites-les cuire à la surface du bouillon 10 mn avant la fin de la cuisson.

• Vous pouvez également cuire pendant 20 mn des os à moelle dans une petite casserole à part avec du bouillon prélevé dans la cocotte. Servez ce pot-au-feu avec de gros cornichons « à la russe » et de la moutarde violette.

Vous pouvez préparer le pot-au-feu la veille. Dégraissez-le après une nuit passée au froid, mais faites cuire le foie gras au dernier moment, après avoir réchauffé le pot-au-feu.

pot-au-feu et foie gras en feuille de chou

cœur de filet
de rumsteck en croûte d'épices

pour 4 personnes
préparation 5 mn
cuisson 6 mn

4 pavés de cœur de filet de rumsteck
1 c. à café de poivres mélangés
quelques grains de poivre de Sichuan
1/2 c. à café de graines de coriandre
1/2 c. à café de cumin
1/2 c. de piment en poudre
sel de Guérande
huile d'olive
30 g de beurre

• Mettez toutes les épices dans le bol d'une petite moulinette électrique. Mixez-les quelques secondes par à-coups jusqu'à ce qu'elles soient grossièrement concassées et répartissez-les sur une assiette.

• Enduisez les faces des pavés d'huile d'olive, avec un pinceau ou du bout des doigts. Posez les pavés sur les épices des 2 côtés.

• Faites chauffer 1 morceau de beurre dans une poêle antiadhésive et, dès qu'il est bien chaud, faites cuire les pavés sur feu assez vif 3 mn de chaque côté. Servez aussitôt avec un gratin de pommes de terre.

Laissez reposer la viande enveloppée dans du papier d'aluminium ou du papier sulfurisé pendant 3 mn avant de la servir.
Le poivre de Sichuan est facultatif.
Vous pouvez le remplacer par du poivre de la Jamaïque.

cœur de filet de rumsteck en croûte d'épices

pintade farcie,
pommes et fruits secs

pour 4 personnes
préparation 20 mn
cuisson 1 h 15

1 pintade fermière
4 pommes
2 oignons
10 abricots secs
4 c. à soupe de raisins secs
20 g de beurre
1 filet d'huile
poivre du moulin

Pour la farce :
1 oignon
20 g de beurre
50 g de cerneaux de noix
100 g de jambon de pays
4 tranches de pain de mie rassises
1 verre de lait
1 œuf
1 c. à soupe de calvados
1 petit-suisse
2 c. à soupe de persil haché
sel
poivre

• Préchauffez le four th. 7/210 °C.

• Préparez la farce : faites tremper le pain de mie dans le lait.

• Pelez et hachez l'oignon. Faites-le revenir dans une poêle avec le beurre.

• Ajoutez la moitié des cerneaux de noix grossièrement concassés, le jambon haché, le pain égoutté, le persil. Remuez, puis retirez du feu.

• Mélangez la préparation avec l'œuf entier, le calvados, le petit-suisse, du sel, du poivre. Farcissez la pintade. Bloquez l'ouverture en ficelant les pâtes bien serrées.

• Coupez les pommes en 4, pelez-les, retirez le cœur.

• Épluchez les oignons et émincez-les.

• Mettez la pintade dans une cocotte avec les quartiers de pommes, les fruits secs, 1 verre d'eau. Arrosez d'1 filet d'huile, parsemez de noisettes de beurre, salez et poivrez.

• Couvrez et laissez cuire au four 1 h 15. Baissez la th. à 6/180 °C au bout de 30 mn de cuisson.

Pour des blancs plus moelleux, retournez la pintade à mi-cuisson, 15 mn sur 1 blanc, puis 15 mn sur l'autre.

poularde
au citron et beurre de basilic

pour 6 personnes
préparation 20 mn
cuisson 1 h 45

1 poularde
1 citron jaune bio
10 feuilles de basilic
80 g de beurre
6 petits oignons
2 l de bouillon de volaille frais ou reconstitué
1 bouquet garni
1 carotte
1 poireau
1 gros oignon
poivre du moulin
sel

• Brossez le citron sous l'eau tiède et coupez-le en fines rondelles.

• Mixez le basilic avec la moitié du beurre.

• Glissez les rondelles de citron et le beurre de basilic sous la peau de la poularde sans la percer.

• Ficelez-la solidement. Lavez les légumes, épluchez-les avec l'oignon et coupez-les en morceaux. Puis plongez la poularde dans un faitout avec le bouillon, les légumes et l'oignon, ainsi que le bouquet garni.

• Portez à ébullition et laissez frémir 20 mn.

• Allumez le four à th. 6/180 °C.

• Égouttez la volaille, mettez-la dans un plat avec un peu de bouillon et les petits oignons autour, salez, poivrez et poursuivez la cuisson au four pendant 1 h 15 environ.

Servez avec des carottes jaunes, violettes ou oranges, découpées en bâtonnets et cuites avec un peu d'eau et de beurre, sel, poivre à l'étouffée.

poularde au citron et beurre de basilic

chapon
à la crème

pour 6 personnes
préparation 20 mn
cuisson 1 h 15

1 chapon coupé en morceaux
50 g de beurre
farine
50 cl de bouillon de volaille
250 g de crème fraîche
3 brins d'estragon
100 g de cèpes ou 1 petite truffe
poivre du moulin
2 sachets de pâtes à l'encre
sel
poivre

• Faites revenir les morceaux de chapon dans une cocotte avec le beurre jusqu'à ce qu'ils soient dorés. Saupoudrez-les de farine, remuez en laissant sur le feu quelques instants, puis versez le bouillon, salez, poivrez, ajoutez l'estragon haché, couvrez et laissez mijoter à feu doux pendant 1 h.

• Lavez les cèpes rapidement sous l'eau courante, séchez-les avec du papier absorbant et coupez-les en morceaux, ou émincez la truffe en lamelles.

• Quand le chapon a cuit 1 h, ajoutez la crème, les cèpes ou la truffe, réduisez le feu et laissez cuire tout doucement encore 15 mn.

• Pendant ce temps, faites cuire les pâtes en suivant les conseils indiqués sur le sachet.

• Servez le chapon avec les pâtes et nappez largement de sauce.

Poularde, dinde ou poulet peuvent remplacer le chapon. Vous pouvez utiliser des champignons séchés, pensez juste à les réhydrater à l'avance.

chapon rôti
au thym

pour 10 personnes
préparation 10 mn
cuisson 2 h

1 chapon de 3 kg
thym
sel
poivre

• Décollez légèrement la peau du chapon, et insérez délicatement 2 brins de thym entre la peau et la chair. Salez et poivrez l'intérieur.

• Placez le chapon sur la grille de la lèchefrite. Ajoutez 2 verres d'eau dans la lèchefrite. Faites cuire le chapon à four moyen (th. 6/180 °C), pendant 2 h.

• Couvrez la volaille de papier d'aluminium et laissez reposer 15 mn avant de découper.

• Pendant ce temps, récupérez le jus et dégraissez-le. Gardez la graisse dans un bocal pour d'autres préparations (pommes sautées, champignons...).

• Servez le chapon avec son jus dégraissé, des pommes fruits cuites au four et des légumes vapeur (carottes, panais, céleri, endives...).

chapon à la crème

filet de bœuf
aux herbes

pour 6 personnes
préparation 20 mn
cuisson 40 mn
repos 1 nuit si possible

1,5 kg de filet de bœuf
3 c. à soupe de moutarde forte
1 bouquet de persil plat
6 gousses d'ail
250 g de pain dur
50 g de beurre + 1 noix
poivre du moulin
sauce soja
huile d'olive
1,2 kg de pommes de terre (rattes ou charlottes)

• Réduisez le pain dur en miettes à l'aide d'un robot.

• Lavez et séchez le persil. Pelez les gousses d'ail.

• Ajoutez le persil, l'ail et le beurre au pain réduit en miettes et mixez par à-coups jusqu'à ce que vous obteniez un hachis.

• Badigeonnez le filet de bœuf de moutarde, recouvrez-le entièrement avec le hachis et mettez-le au frais recouvert de film jusqu'au moment de le cuire, la veille si possible.

• Lavez les pommes de terre en les brossant sous l'eau tiède, faites-les cuire 10 mn dans de l'eau bouillante salée.

• Égouttez les pommes de terre, coupez-les en rondelles et faites-les revenir dans une sauteuse avec un peu d'huile d'olive et de beurre mélangés, pendant environ 15 mn.

• Faites cuire le filet dans le four préchauffé à th. 8/240 °C pendant 25 à 30 mn selon le poids et votre goût.

• À la sortie du four, laissez reposer 5 mn avant de le trancher.

• Déglacez la sauce en versant un verre d'eau dans le jus de cuisson et en le faisant bouillir 2 mn avec 2 c. à soupe de sauce soja et un peu de poivre du moulin.

• Servez aussitôt.

Vous pouvez aussi cuire le filet dans une cocotte avec un peu de beurre et d'huile : faites revenir la viande sur toutes les faces, puis couvrez et comptez le même temps de cuisson.

rôti de magrets
au foie gras et abricots

pour 4 personnes
préparation 15 mn
cuisson 35 mn
repos 10 mn

2 magrets de canard
3 escalopes de foie gras cru
(environ 50 g chacune)
4 beaux abricots secs moelleux
poivre du moulin

Pour accompagner :
4 figues fraîches
2 pommes golden
50 g de beurre
4 pincées de quatre-épices
sel

• Posez les 2 magrets de canard sur le plan de travail, côté chair vers vous. Salez et poivrez, puis disposez sur l'un d'eux les 3 escalopes de foie gras cru. Ajoutez les 4 abricots secs tranchés en 2, puis le second magret côté chair contre les abricots. Ficelez l'ensemble bien serré et réservez.

• Préchauffez le four th. 7/210 °C. Pelez, épépinez et coupez les pommes en 8 quartiers. Lavez et fendez en 4 les figues.

• Enfournez le rôti en le posant sur la grille du four, en plaçant dessous une « lèchefrite » pleine d'eau. Faites cuire le rôti 35 mn.

• Pendant ce temps, faites fondre le beurre dans une poêle antiadhésive et faites dorer doucement les figues et les pommes en les épiçant de quatre-épices et poivrez.

• Lorsque le rôti de magret est cuit, laissez-le reposer 10 mn emballé dans une feuille de papier sulfurisé à la sortie du four, puis tranchez-le et servez-le avec les fruits poêlés.

Vous pouvez barder le rôti de poitrine fumée. Si vous ne trouvez pas de figues fraîches, utilisez les figues surgelées ou remplacez-les par des quartiers de poires.

DESSERTS EN FÊTE

bûche
chocolat-chocolat

pour 6 personnes
préparation 20 mn la veille
cuisson 15 mn
au frais 2 h

Pour le biscuit :
80 g de sucre
4 jaunes d'œuf
3 blancs d'œuf
80 g de farine
40 g de beurre fondu

Pour la crème au chocolat :
200 g de chocolat noir
10 cl de crème
10 cl de lait
20 g de beurre
50 g de pralin

Pour le sirop :
10 cl de sirop de canne
4 c. à soupe de rhum blanc Trois-Rivières

Pour les copeaux de chocolat :
200 g de chocolat noir
1 noix de beurre

• Pour les copeaux, faites fondre le chocolat au micro-ondes, ajoutez la noix de beurre, lissez le chocolat avec un fouet.

• À l'aide d'un pinceau, déposez des traces de chocolat sur 2 feuilles de papier sulfurisé posées sur une surface plane et laissez durcir. Gardez un peu de chocolat pour coller les copeaux plus tard.

• Pour la crème : faites bouillir le lait et la crème, versez-les sur le chocolat noir cassé en morceaux, ajoutez les 20 g de beurre et lissez la préparation.

• Pour le biscuit : allumez le four sur th. 6-7/190 °C. Sortez la plaque du four et tapissez-la d'une feuille de papier sulfurisé. Faites fondre le beurre au micro-ondes, beurrez le papier sulfurisé.

• Fouettez les jaunes d'œuf et le sucre jusqu'à ce que le mélange blanchisse, puis ajoutez la farine tamisée délicatement sans travailler le mélange.

• Battez les blancs d'œuf en neige ferme et mélangez-les aux jaunes en soulevant l'ensemble.

• Étalez la pâte sur le papier en formant un rectangle et faites cuire 10 mn dans le four. Faites glisser le biscuit sur le plan de travail, couvrez-le d'un torchon pour qu'il reste moelleux.

• Laissez tiédir, humidifiez le biscuit avec le sirop mélangé au rhum, étalez la crème au chocolat et saupoudrez de pralin.

• Roulez le biscuit sur lui-même en serrant, puis enveloppez-le dans du film et réservez-le au frais 12 h. Faites fondre le chocolat réservé pour coller les copeaux au micro-ondes.

• Coupez les 2 extrémités de la bûche. Retirez les copeaux de chocolat du papier sulfurisé un par un et collez-les sur la bûche avec un peu de chocolat fondu. Vous pouvez aussi couper la bûche en 6 parts et les présenter debout avec les copeaux autour et un coulis de fruits rouges.

Vous pouvez disposer les feuilles de papier sulfurisé sur des plateaux et les mettre au frais pour que le chocolat durcisse plus vite.

bûche chocolat-chocolat

île flottante
aux framboises

pour 4 personnes
préparation 15 mn

4 blancs d'œuf
50 g de sucre glace
250 g de framboises
200 g de coulis de framboise
feuilles d'or alimentaire (facultatif)
1 pincée de sel

• Montez les blancs en neige très ferme avec le sucre glace.

• Faites chauffer de l'eau à frémissements dans une casserole.

• Avec 2 c. à soupe, formez des quenelles de blancs d'œuf et posez-les délicatement dans l'eau frémissante quelques secondes. Puis déposez-les sur du papier absorbant.

• Versez dans 4 assiettes creuses un fond de coulis et déposez une quenelle.

• Répartissez des framboises fraîches autour.

• Vous pouvez décorer avec des feuilles d'or alimentaire déposées délicatement sur les quenelles avec une pince à épiler.

Préparez votre coulis vous-même avec 300 g de framboises, 20 g de sucre et 10 cl d'eau, le tout mixé dans un blender et filtré dans un chinois pour ôter les graines.

tarte au chocolat
glacée aux fruits rouges

pour 6-8 personnes
préparation 20 mn
cuisson 30 mn
au frais 2 h

Pour la pâte :
300 g de farine
2 œufs
150 g de sucre
100 g de cacao non sucré
250 g de beurre
50 g d'amandes en poudre

Pour la crème au chocolat :
30 g de beurre
300 g de chocolat noir
30 cl de crème fleurette

Pour le glaçage :
50 g de sucre
250 g de fruits rouges frais ou surgelés
1 feuille de gélatine

• Pour la pâte : mettez la farine, le cacao, le sucre, les amandes et le beurre coupé en morceaux dans le bol d'un robot et mixez jusqu'à ce que le mélange soit sableux. Ajoutez les œufs, mixez par à-coups jusqu'à ce que la pâte forme une boule.

• Étalez-la sur le plan de travail fariné en formant un rectangle. Déposez-le sur une feuille de papier sulfurisé placée sur la plaque du four, piquez-la de plusieurs coups de fourchette, relevez les bords en formant des petits bourrelets et mettez-la au frais 1 h.

• Allumez le four sur th. 6/180 °C. Posez une feuille de papier sulfurisé sur la pâte, garnissez-la de légumes secs et faites-la cuire 20 mn. Retirez papier et légumes secs et poursuivez la cuisson 5 à 10 mn, puis laissez refroidir.

• Faites tremper la feuille de gélatine dans l'eau froide. Mettez les fruits lavés dans une casserole avec le sucre et 10 cl d'eau, faites-les cuire 5 mn sur feu vif. Ajoutez la gélatine égouttée hors du feu, puis filtrez le jus et laissez tiédir.

• Faites bouillir la crème, puis versez-la sur le chocolat cassé en morceaux, remuez au fouet pour lisser la préparation, ajoutez le beurre à la fin. Répartissez le chocolat sur la pâte et réservez au frais jusqu'à ce qu'il commence à prendre. Versez alors délicatement le jus tiédi et remettez au frais. Coupez la tarte en gros carrés au moment de servir.

tarte au chocolat glacée aux fruits rouges

perles du Japon,
groseilles en gelée

pour 6 personnes
préparation 10 mn
cuisson 30 mn
au frais 4 h

50 cl de lait
50 g de perles du Japon
1 gousse de vanille
50 g de sucre
1 c. à café d'agar-agar

Pour la gelée :
250 g de groseilles
50 g de sucre
1/2 c. à café d'agar-agar

• Faites cuire les perles du Japon dans le lait avec 50 g de sucre et la gousse de vanille fendue en 2 et grattée, sur feu très doux, pendant 25 à 30 mn, en remuant souvent.

• Ajoutez l'agar-agar délayé dans un peu d'eau froide à la fin, puis retirez du feu et répartissez dans des verres bas.

• Faites bouillir les groseilles lavées mais pas égrappées avec le sucre et 1/2 verre d'eau, ajoutez l'agar-agar délayé dans de l'eau froide à la fin.

• Retirez du feu, filtrez le jus et versez-le délicatement sur les perles du Japon.

• Réservez au frais 4 h et servez avec des meringues ou des biscuits.

Vous pouvez remplacer les perles du Japon par du tapioca ou du riz rond.

caramel
de pommes

pour 6 personnes
préparation 40 mn
cuisson 1 h 20

2,5 kg de pommes boskoop
2 c. à soupe de raisins secs

Pour le caramel :
25 morceaux de sucre
1 moule à bords hauts de diamètre 22 cm

• Pour le caramel : dans une casserole, faites fondre le sucre dans 4 c. à soupe d'eau jusqu'à l'obtention d'un caramel ambré. Versez-le aussitôt dans le moule et répartissez-le dans le fond et sur les bords du moule. Laissez refroidir.

• Épluchez les pommes, coupez-les en 4 et retirez le cœur ainsi que les pépins, puis détaillez chaque quartier en fines lamelles ou robot ou avec la râpe à concombre. Disposez en couches les lamelles et les raisins sur le caramel dans le moule. Tassez bien.

• Enfournez 45 mn, puis piquez les lamelles à l'aide d'un couteau pour faire remonter le caramel. Détachez les lamelles du bord, couvrez le moule d'une feuille de papier d'aluminium et poursuivez la cuisson 30 mn.

• Sortez le moule du four, dès la fin de la cuisson, laissez refroidir et mettez au frais jusqu'au lendemain. Pour démouler, plongez le moule dans l'eau chaude et servez avec de la glace ou un mendiant. Décorez de feuille d'or et de pommes d'ornement.

caramel de pommes

truffes
au chocolat, chocolat noir au grué de cacao

pour 4 personnes
préparation 15 mn
cuisson 10 mn

200 g de chocolat noir
150 g de beurre
1 c. à soupe de sucre en poudre
2 jaunes d'œufs
cacao en poudre
grué de cacao (éclats de fèves)

• Faites fondre le chocolat au bain-marie avec le beurre et le sucre.

• Laissez refroidir. Incorporez les jaunes d'œufs. Couvrez et réservez au frais 6 h.

• Prélevez des noisettes de pâte et roulez les truffes entre les mains.

• Passez dans un mélange de cacao en poudre et de grué.

truffes
au chocolat, chocolat au lait-passion

pour 6 personnes
préparation 15 mn
cuisson 10 mn

210 g de chocolat au lait
150 g de purée de fruits de la Passion
90 g de crème fleurette
1 c. à soupe de miel d'acacia
60 g de beurre
sucre roux
noix de coco râpée

• Faites fondre le chocolat au bain-marie.

• Portez la purée de fruits de la Passion, la crème et le miel à ébullition dans une casserole. Incorporez ce mélange au chocolat fondu. Mélangez à la spatule.

• Laissez reposer 2 mn, puis incorporez le beurre en morceaux.

• Couvrez et réservez au frais 6 h.

• Façonnez les truffes et roulez-les dans un mélange de sucre et de noix de coco.

truffes
au chocolat, sésame et thé vert

pour 6 personnes
préparation 15 mn
cuisson 5 mn

240 g de chocolat blanc
80 g de crème liquide
1 c. à café de thé matcha
graines de sésame

• Faites chauffer le chocolat, la crème et 1 c. à café de thé matcha dans une petite casserole sur feu doux jusqu'à ce que le chocolat soit fondu.

• Mélangez bien le tout à la spatule.

• Réservez au frais 6 h.

• Façonnez les truffes, puis roulez-les dans un mélange de graines de sésame et du reste de thé matcha.

poires,
jus de cranberry

pour 6 personnes
préparation 10 mn
cuisson 30 mn

6 poires ou 12 petites poires
1 l de jus de cranberry
1 gousse de vanille
2 étoiles de badiane
2 bâtons de cannelle
2 clous de girofle
60 g de sucre de canne roux

• Faites bouillir le jus de cranberry avec le sucre et les épices dans une grande casserole.

• Pelez les poires et faites-les pocher dans le jus environ 20 mn, puis retirez du feu, laissez refroidir et placez au réfrigérateur.
Servez bien frais.

Vous pouvez faire réduire le jus pour qu'il soit un peu plus épais en le faisant bouillir environ 15 mn après avoir retiré les poires.
Servez avec une boule de glace à la violette ou au nougat.

poires, jus de cranberry

bûche aux poires,
jus de grenade, crème vanille

pour 6 personnes
préparation 20 mn
cuisson 50 mn
au frais 4 h

1 pâte de base recette
4 poires
50 g de sucre
1 gousse de vanille
2 ou 3 grenades
250 g de mascarpone
2 pots de crème dessert à la vanille
50 g de sucre glace

• Préchauffez le four à th. 6/180 °C.

• Faites cuire la pâte de base dans un moule à cake beurré pendant 40 à 50 mn au four. Laissez refroidir le cake sur une grille.

• Coupez les grenades en 2 et pressez leur jus avec un presse-agrumes.

• Pelez les poires, coupez-les en 2, retirez leur cœur. Mettez-les dans une casserole avec le jus des grenades, la vanille fendue en 2 et le sucre et faites-les cuire sur feu moyen environ 15 mn. Laissez refroidir.

• Mélangez au fouet le mascarpone avec le sucre glace et les crèmes dessert.

• Coupez le cake en 4 bandes dans l'épaisseur, tapissez le moule à cake de film plastique, puis reconstituez le cake en intercalant les couches de crème et les poires égouttées et coupées en lamelles.

• Rabattez le film en serrant un peu, puis mettez au frais 4 h.

• Vous pouvez faire réduire un peu le sirop de cuisson des poires et le servir avec la bûche coupée en tranches.

bûche aux poires, jus de grenade, crème vanille

glace vanille
à la mangue, sirop passion

pour 6-8 personnes
préparation 10 mn
cuisson 3 mn
congélation 1 nuit

2 demi-litres de glace à la vanille
2 mangues mûres mais fermes

Pour le sirop :
4 fruits de la passion
4 c. à soupe de sucre
4 c. à soupe de rhum

• Faites ramollir un peu la glace à température ambiante.

• Pelez les mangues et coupez la chair en dés. Mélangez les dés de mangue à la glace, puis mettez au congélateur pendant une nuit.

• Le lendemain, préparez le sirop : ouvrez les fruits de la passion, récupérez les graines et le jus dans une petite casserole. Ajoutez 4 c. à soupe d'eau et le sucre et faites bouillir 3 mn.

• Versez dans un bol et laissez tiédir.

• Ajoutez le rhum et réservez jusqu'au moment de servir.

• Sortez la glace environ 1 h avant de la manger.

• À l'aide d'1 c. à soupe ou d'1 c. à glace, répartissez-la dans des verres ou des coupelles. Nappez avec le sirop passion et servez.

Vous pouvez remplacer la mangue par des fruits rouges surgelés, de l'ananas rôti ou encore des poires.
Vous pouvez servir des coulis à la place du sirop.

minicharlottes
aux poires

pour 6 personnes
préparation 10 mn
cuisson : 25 mn
au frais : 12 h

2 paquets de boudoirs
4 poires mûres
1 gousse de vanille
50 g de sucre

Pour la crème :
1 gousse de vanille
80 g de sucre
4 jaunes d'œuf
20 g de farine
50 cl de lait
20 g de Maïzena
25 g de beurre
2 feuilles de gélatine (4 g)
2 c. à soupe d'alcool de poire
ou de rhum blanc

• Pelez les poires, coupez-les en 4, retirez le cœur et faites-les cuire 20 mn dans une casserole avec le sucre, la vanille fendue en 2 et grattée et 30 cl d'eau. Laissez ensuite tiédir dans le sirop. Préparez la crème, faites tremper les feuilles de gélatine dans de l'eau froide et faites chauffer le lait avec la gousse de vanille fendue en 2 et grattée, puis laissez infuser hors du feu.

• Fouettez les jaunes d'œuf avec le sucre jusqu'à ce que le mélange blanchisse, ajoutez la farine et la Maïzena, puis versez le lait en retirant la vanille au passage.

• Reversez tout dans la casserole et faites cuire 1 mn jusqu'à ce que la crème se détache des parois de la casserole.

• Ajoutez la gélatine essorée et le beurre hors du feu, laissez tiédir, puis ajoutez l'alcool choisi. Égouttez les poires en gardant le sirop et coupez-les en fines lamelles.

• Préparez les verres un par un, coupez les boudoirs à la dimension du verre, trempez-les rapidement dans le sirop des poires et placez-les dans le verre côté imbibé à l'intérieur.

• Versez un peu de crème au fond, ajoutez des lamelles de poires, de la crème, des poires, etc., en terminant par la crème.

• Recommencez pour tous les verres et mettez-les au frais recouverts d'un film plastique pendant 12 h.

Vous pouvez saupoudrer d'un nuage de sucre glace ou de cacao amer juste avant de servir.

minicharlottes aux poires

crèmes
mont-blanc

pour 6 personnes
préparation 10 mn
cuisson 2 mn
au frais 2 h

500 g de crème de marron sucrée
200 g de chocolat noir
20 g de beurre
50 cl de crème fleurette
20 g de sucre glace
2 meringues

• Faites chauffer 20 cl de crème fleurette.

• Dès qu'elle bout, versez-la sur le chocolat cassé en morceaux, remuez au fouet pour lisser la préparation, puis ajoutez le beurre et 6 c. de crème de marron en remuant encore.

• Concassez grossièrement les meringues et mettez-les dans le fond des verres.

• Fouettez la crème restante en chantilly en ajoutant le sucre glace en pluie à la fin.

• Mélangez la moitié de cette crème au reste de crème de marron, puis répartissez l'ensemble dans des verres en intercalant les différentes préparations.

• Mettez au frais au moins 2 h.

Vous pouvez ajouter 1 boule de glace 100 % dry chocolat pour les amateurs, vanille pour les inconditionnels ou yaourt pour les raisonnables...

babas
express

pour 6-8 personnes
préparation 15 mn
cuisson 15-20 mn

1 yaourt
1 pot à yaourt de sucre
3 œufs
2 pots de farine
1/2 sachet de levure
1 pot de poudre d'amande
3/4 de pot de beurre fondu
35 cl de rhum
1 gousse de vanille
30 g de sucre roux

• Mélangez 1 yaourt, 1 pot à yaourt de sucre et 3 œufs jusqu'à obtenir un mélange mousseux. Ajoutez 2 pots de farine, 1/2 sachet de levure et 1 pot de poudre d'amande. Mélangez.

• Incorporez 3/4 de pot de beurre fondu.

• Beurrez et farinez légèrement 8 petits moules à baba et répartissez la préparation.

• Faites cuire 15-20 mn dans le four préchauffé à th. 6/180 °C.

• Pendant ce temps, faites bouillir 35 cl de rhum avec 35 cl d'eau, 1 gousse de vanille fendue et grattée et 30 g de sucre roux pendant 5 mn.

• Retirez la vanille, puis arrosez les gâteaux avec le sirop.

• Laissez tiédir avant de démouler. Servez avec un peu de crème fouettée.

bûche

aux marrons glacés et crème de marrons

pour 6-8 personnes
préparation 20 mn
cuisson 10 mn
réfrigération 1 nuit

250 g de mascarpone
250 g de crème de marrons
100 g de sucre glace
100 g de beurre mou
6 marrons glacés

Pour le biscuit :
5 œufs
140 g de sucre
100 g de farine
40 g de Maïzena
20 g de beurre fondu + 1 noix

Pour le sirop :
10 cl de sirop de canne
4 c. à soupe de rhum

Pour le glaçage :
150 g de sucre glace
1 blanc d'œuf
1 citron

• Allumez le four th. 7-8/220 °C et tapissez la plaque du four avec une feuille de papier sulfurisé beurrée. Séparez les jaunes d'œuf des blancs. Mettez les jaunes dans une jatte avec le sucre et fouettez jusqu'à ce que le mélange blanchisse.

• Ajoutez la farine et la Maïzena en les tamisant, puis battez les blancs en neige ferme et mélangez-les délicatement aux jaunes, en soulevant la préparation et en ajoutant en même temps le beurre fondu. Étalez la pâte sur le papier sulfurisé en lissant la surface avec une spatule afin qu'elle soit régulière. Faites cuire le biscuit pendant 8 à 10 mn.

• Préparez un torchon propre, humidifié et mettez-le à plat sur le plan de travail.

• Lorsque le biscuit est prêt, déposez-le sur le torchon, puis roulez-le aussitôt sur lui-même pour lui donner sa forme.

• Mélangez à l'aide d'un robot ou au fouet, le mascarpone, la crème de marrons, le sucre glace et le beurre mou. Ajoutez 3 marrons glacés émiettés et placez le mélange dans le congélateur quelques instants pour le raffermir.

• Déroulez le biscuit, badigeonnez-le du sirop de canne mélangé au rhum, étalez la crème dessus, roulez le biscuit à nouveau et enroulez-le dans une grande feuille de papier sulfurisé en serrant relativement. Si un peu de crème s'échappe des côtés, pas d'inquiétude, les extrémités seront recoupées.

• Placez la bûche au frais jusqu'au lendemain.

• Vous pouvez préparer le glaçage 3 ou 4 h avant : mettez le sucre glace, le blanc d'œuf et le jus de citron dans une jatte résistant à la chaleur, placée sur une casserole contenant de l'eau chaude, posée elle-même sur le feu.

• Mixez avec un batteur électrique ou un fouet à main pendant 5-6 mn jusqu'à ce que le mélange blanchisse et épaississe. Étalez le glaçage sur toute la surface de la bûche et réservez au frais. Pour servir, coupez les extrémités et décorez avec les marrons glacés restants.

À la place du rhum, vous pouvez utiliser du whisky ou du cognac selon votre goût. Et si la bûche est destinée à des enfants, préférez l'adjonction de jus d'orange.

bûche aux marrons glacés et crème de marrons

lingot
au café

pour 8 personnes
préparation 30 mn
cuisson 10 mn

4 œufs
125 g de sucre vanillé
240 g de beurre mou
3 boîtes de petit-beurre de Lorient
15 cl de café fort pour imbiber les biscuits

• Sortez le beurre du réfrigérateur 30 mn avant de l'utiliser. Ensuite, avec une spatule, travaillez-le en pommade.

• Préparez 2 casseroles (1 grande, 1 moyenne). Dans la plus grande, faites chauffer de l'eau pour faire un bain-marie.

• Versez les jaunes d'œuf dans la plus petite, ajoutez le sucre et placez cette casserole dans le bain-marie chaud, mais jamais en ébullition. Faites cuire ce mélange sans cesser de le travailler jusqu'à ce qu'il épaississe et devienne onctueux.

• Ôtez la casserole du bain-marie et continuez de travailler le mélange en plaçant la casserole dans l'eau froide, pour qu'il refroidisse. Incorporez, petit à petit, le beurre en pommade.

• Rangez des petits-beurre dans le fond du moule et arrosez-les, sans les noyer, de café fort.

• Couvrez d'une couche de crème, puis d'une couche de petits-beurre. Continuez ainsi jusqu'à épuisement des ingrédients, en arrosant, à chaque fois, les biscuits de café.

• Réservez 4 petits-beurre pour la déco.

• Couvrez le gâteau de film alimentaire et gardez-le au frais au moins 8 h.

• Ensuite, démoulez-le délicatement sur un plat à cake, posez 4 petits-beurre croquants et servez nature ou avec un coulis de chocolat chaud.

Les amateurs de café pourront corser le goût en ajoutant quelques gouttes d'extrait de café dans la crème au beurre.

lingot au café

LES RECETTES PAR INGRĒDIENTS

ALCOOLS

FOIE GRAS

COQUILLAGES ET CRUSTACĒS

POISSONS FUMĒS

SAUMON, LOTTE, BAR

CANARD

VEAU, BŒUF, AGNEAU, GIBIER

VOLAILLE

DIVERS

CHOCOLAT, MARRONS

FRUITS

TABLE DES MATIÈRES

COCKTAILS ET MISES EN BOUCHE

ENTRÉES FESTIVES

LES PETITS PLATS DANS LES GRANDS

RECETTES POUR TOUTE LA TRIBU

DESSERTS EN FÊTE

Découvrez les recettes ELLE à table, dans la collection Chic & Gourmande

Nés sous le signe du raffinement culinaire, les livres de la collection Chic & Gourmande proposent des recettes de cuisine alliant gourmandise et art de vivre. Faciles à réaliser, les recettes ELLE à table se distinguent aussi par leur touche d'originalité. Alors, à tous les fins gourmets, quelles que soient vos envies, nous vous souhaitons bon appétit !

---

titres déjà parus

- cakes, muffins et cie
- chocolat craquant
- crumbles, gratins et cie
- desserts très frais
- fêtes plaisir
- Irrésistibles plats uniques
- mijotés
- mousses, crèmes et entremets
- pasta et risotto
- poissons et crustacés
- quiches, tartes et pizzas
- recettes de mère en fille
- rôtis et farcis
- salades exquises
- soupes, potages et veloutés
- tapas et petites bouchées
- tartes, feuilletés et cie
- terrines et foie gras

ELLE à table

DANS LA MÊME COLLECTION

• rôtis et farcis

• chocolat craquant

• terrines et foie gras

• cakes, muffins et cie

• tapas et petites bouchées

• desserts très frais

• salades exquises

• mousses, crèmes
et entremets

• pasta et risotto

• soupes, potages
et veloutés

• poissons et crustacés

• mijotés

• crumbles, gratins et cie

• quiches, tartes et pizzas

• recettes de mère en fille

• irrésistibles plats uniques

Édité par : Éditions Glénat
Les marques ELLE® et A TABLE™ sont la propriété de Hachette Filipacchi Presse.
Au Canada, les marques ELLE® et ELLE A TABLE™ sont détenues par France-Canada Éditions et Publications Inc. et employées sous licence.

Éditions Glénat
Couvent Sainte-Cécile - 37, rue Servan
38000 GRENOBLE

CRÉDITS PHOTOGRAPHIQUES
Couverture : Sicot É.

Intérieur :
Amiel J.-C. : 6, 8, 21, 23, 28, 31, 33, 34, 36, 43, 61, 65, 68, 73, 74, 80, 83, 85, 95, 104, 108, 122, 128, 141, 156, 157 ; Bilic J. : 4, 5, 10, 13, 14, 17, 18, 27, 40, 44, 47, 48, 51, 53, 55, 57, 58, 67, 71, 77, 87, 89, 90, 96, 98, 101, 103, 107, 111, 113, 114, 117, 119, 121, 124, 127, 131, 132, 135, 139, 142, 145, 146, 151, 154, 155 ; Sicot É. : 24, 39, 62, 79, 93, 136, 149, 153

RÉALISATION DES RECETTES
Arnoult N. : 25, 38, 42, 63, 78, 92, 137, 148 ; Giacobetti S. : 19, 20, 22, 29, 30, 32, 35, 37, 60, 64, 72, 75, 81, 94, 105, 109, 129, 134 ; Leteuré M. : 12, 15, 16, 26, 45, 46, 49, 50, 52, 54, 56, 59, 66, 70, 76, 86, 88, 91, 99, 100, 102, 106, 110, 112, 115, 116, 118, 120, 126, 130, 133, 138, 140, 143, 144, 147, 150 ; Liégeois V. : 92, 118 ; Lhomme V. : 82, 84, 123, 152

REMERCIEMENTS
ELLE à table : Bruno Lesouëf, directeur des publications ; Philippe Khyr, éditeur ; Valérie Meyer-Cazeaux, directrice déléguée ; Sandrine Giacobetti, directrice de la rédaction ; Hélène Mallein, secrétaire de la rédaction ; Hélène Morch-Bernard, assistante de la rédaction ; Virginie Demachy, direction artistique ; Sylvie Garnier, photothèque.

Produits d'édition : Jérôme Pébereau ; Anne-Françoise Bédhet ; Hélène Taburet ; Heloïse Vimont ; Mairead Audisio ; Sabine Beausseron ; Isabella Tomesco ; Dalida Zein ; Mohamed Slama.

Et tous les fidèles collaborateurs de ELLE à table.

Éditions Glénat : David Kings, Sophie Lecompte, Quentin Issindou.

REALISATION
Compotext

PRE-PRESSE ET FABRICATION
Glénat Production

Achevé d'imprimer en Espagne en septembre 2011 par Dédalo Offset
Ctra. De Pinto a Fuenlabrada
S/n Km 20800 - 28320 Pinto

Dépôt légal : septembre 2011
ISBN : 978-2-7234-8444-2
Le papier utilisé pour la réalisation de ce livre provient de forêts gérées de manière durable.